종이배를 접는 시간

한진중공업 3년의 기록
종이배를 접는 시간

초판 1쇄 발행 · 2013년 5월 1일

기획	한진중공업지회 정리해고철회투쟁위원회, 미디토리
글쓴이	허소희, 김은민, 박지선, 오도엽
사진	정택용, 이명익, 정기훈, 임소영, 김주찬
펴낸이	황규관
편집장	김영숙
편집	노윤영 윤선미
재정	김은경
펴낸곳	도서출판 삶창
출판등록	2010년 11월 30일 제2010-000168호
주소	121-838 서울시 마포구 서교동 355-22 우암빌딩 4층
전화	02-848-3097 팩스 02-848-3094
홈페이지	www.samchang.or.kr

ⓒ 한진중공업지회 정리해고철회투쟁위원회, 미디토리, 2013
ISBN 978-89-6655-025-8 03330

⊙ 이 책의 판권은 저작권자와 도서출판 삶창에 있습니다.
저작권법에 의해 보호를 받고 있는 저작물이므로 양쪽의 동의 없는
무단전재와 복제를 금합니다.

⊙ 책값은 뒤표지에 표시되어 있습니다.

한진중공업 3년의 기록

기획
한진중공업지회 정리해고철회투쟁위원회 : 미디토리
글쓴이
허소희 : 김은민 : 박지선 : 오도엽

삶창

· 소속이나 설명을 밝히지 않은 이는 금속노조 부산양산지부 한진중공업지회 조합원임.
· 이 글에서 '노조' 또는 '노동조합'은 한진중공업지회를 말함.

옥빛 작업복에 청춘을 바친
배 만드는 노동자
그리고 세상의 산 자와 죽은 자가
이 기록의 주인공이고
이 르포르타주를 썼다

그들에게 바친다

목차

프롤로그   8

1부

일곱 해 만에 켠 보일러   18

망치 소리 멈춘 영도   27

백만 원짜리 인생   35

폭설에 끊긴 영도다리   44

붉어진 아내의 눈   50

2부

다시 올게요-1차 희망버스   62

약속과 배신   84

실종된 인권   96

당신을 통해 희망을 봅니다-2차 희망버스   103

하늘을 수놓은 풍등-3차 희망버스   114

이 사람을 아십니까?   125

특별한 신혼여행-4차 희망버스   136

살아서 내려와요   145

영도에 뜬 한가위 대보름달   148

가을소풍 가자—5차 희망버스   157

3부

심판의 날   170

309일, 그리고 다시 1일   174

가장 고마운 사람   180

유예의 시간   185

듣도 보도 못한 158억   194

깨진 유리조각을 거둬 부드러운 흙으로   201

욕봤다   207

에필로그—미완의 르포르타주   220

이 네 사람의 이름이 금속노조 한진중공업의 역사다
김진숙   230

인연이라는 것이 참 무섭다   박성호   249

부록 85호 크레인의 달력
−한진중공업 정리해고 철회 투쟁일지   262

프롤로그

"강서야 가자."

한겨울의 태양은 모든 빛을 하나로 만든다. 쉰셋 노동자의 머리칼은 하얗게 세다 못해 투명한 빛이 흘렀다. 66일간 땅에 묻히지 못한 최강서의 영정을 안은 차해도(한진중공업지회 지회장)는 공장을 돌았다. 최강서가 일곱 살 아들과 목욕하던 생활관을 지나 마지막으로 목을 맸던 노조 사무실에 들어서자 사내는 울음마저 나오지 않았다. 최강서의 아버지에게, 어머니에게, 아내에게, 형제에게 그리고 두 아들에게 수도 없이 고개를 숙였다.

"미안합니다. 제 조합원을 지키지 못했습니다."

이틀에 한 번 관을 채웠던 드라이아이스는 쓸모를 잃고 타다 남은 장작 옆에 버려져 천천히 제 몸을 태우며 공기 중으로 사라졌다. 동료들이 칼잠을 자던 천막에서 최강서의 마지막 단장을 마쳤다. 관 위에 노란 국화로 '노동해방'을 수놓았다. 남은 동료들은 그의 관을 어깨에 이고 한 걸음씩 떼었다. 잠시 열렸던 공장 문이 속절없이 닫혔다.

"민주노조 사수가 뭐예요?"

젊은 미망인은 물었다. 갑작스런 남편의 죽음이 믿어지지 않았다. 복직 3시간 만에 무기한 휴직 통보를 받고 돌아와 잠 못 이루던 남편의 모습이 떠올랐다. 금속노조를 떠난 동료들을 볼 때마다 속에서 불이 나는 것 같다는 남편의 푸념이 가슴을 파고들었다. 스물다섯에 입사해 공장과 집밖에 모르던 남편은 노조 사무실에서 목을 맸다. 유서에는 "민주노조 사수"라고 쓰여 있는데, 세상은 "생활고로 인한 자살"이라고 했다. 남편의 명예를 지키는 것이 마지막으로 할 수 있는 일이라 믿었다.

"드디어 가는 가베. 고이 가시게."
장례 행렬이 출발했다. 창문을 빠끔히 열고 영도주민들이 내다본다. 멀리서 곡소리를 듣고 한 노인이 손자 셋을 주렁주렁 달고 대로로 나왔다.
"젊은 사람이 어찌 그리 억울한 게 많을 끼고. 편히 가이소."
노인은 작아지는 행렬을 보며 눈을 감는다.
'노동열사 최강서' 위패를 따라 영도가 한 걸음씩 멀어진다. 칠순 어머니는 눈물마저 말라버렸다. 영도 바람이 그네의 등을 민다. 바람 따라 흰 국화 꽃잎이 흩어진다.

"강서가 키가 큽니다. 널찍하게 파 주이소."
다시 솔밭산이다. 22년 전 박창수를 이곳에 묻고, 10년 전 김주익과 곽재규를 같은 날 묻었다. 찬바람이 산언저리를 휘감고 무덤가는 적막하다. 박성호(한진중공업지회 부지회장)는 장례 행렬보다 먼저 도착해 흙을 만졌다. 땅을 파는 인부의 이마에 구슬땀이 맺혔다.

"아빠, 안녕."
아빠를 쏙 빼닮은 두 아들은 훌쩍이는 어른들이 낯선지 내내 엄마 품을 파고든다. 죽음을 이해하기에 너무 어린 두 아이는 아빠에게 잠시 갔다 빨리 돌아오라는 듯 손을 흔든다.
안녕.
그렇게 최강서는 갔다. 자신의 전화기에 유서를 또박또박 새겨두고.

나는 회사를 증오한다.

자본, 아니 가진 자들의 횡포에 졌다.
어떻게 해야 할지 모르겠다.
심장이 터지는 것 같다.
내가 못 가진 것이 한이 된다.
민주노조 사수하라 손해배상 철회하라.
태어나 듣지도 보지도 못한 돈 158억
죽어라고 밀어내는 한진 악질자본
박근혜가 대통령 되고 5년을 또…….
못 하겠다.

지회로 돌아오세요.
동지들 여지껏 어떻게 지켜낸 민주노조입니까?
꼭 돌아와서 승리해주십시오.

돈이 전부인 세상에 없어서 더 힘들다.

– 최강서의 유서

한진중공업 노동자들은 세 번 상복을 입고 네 명의 동료를 가슴에 묻어야 했다. 배를 만드는 억센 노동자의 구릿빛 얼굴에 뚝, 눈물이 떨어진다. 슬퍼서만 우는 게 아니다. 아파서만 눈물을 흘리는 게 아니다. 작업복에 비쳐 옥빛으로 빛나는 눈물. 이 눈물은 약속이다. 먼저 떠난 동료와 손가락을 걸고 평생 살아야 하는 모진 눈물. 이 약속은 한겨울에 보일러 단추를 누를 수 없어 차가운 방바닥에서 잠을 자게 했고, 한밤중 절단기를 들고 크레인에 오르게 했고, 한여름 달궈진 쇳덩이에 올라 곡기를 끊게 했다.

바다를 닮은 옥빛 작업복과 설움으로 누렇게 바랜 상복을 번갈아 입으며 죽은 이의 못다 한 삶을 살아가는 사내들을 울게 한 것은 무엇일까?

3년 전, 회사는 400명의 노동자를 자르겠다고 했다. 선박 주문이 들어오지 않아 2010년도 손실액이 517억이나 발생했다는 이유였다. 해고 대상자는 무작위로 정해졌다. 하지만 회사의 주장은 하루 만에 거짓으로 드러났다. 운영이 어렵다던 회사는 다음 날 주주들에게 176억 원을 현금 배당했고, 대주주인 조남호(한진중공업 회장)는 29억 원을 받았다.[1]

처음이 아니었다. 10년 전에도 회사는 수주가 어렵다고 했다. 노동자 500명을 해고했고, 이에 맞서는 노조에 손해배상가압류 소송을 걸었다. 노동조합비 전액이 압류당하고 노조 사무실에 빨간 딱지가 붙었다. 가압류 딱지는 노동자를 흩트려놓았고, 회사는 협상 테이블에조차 나오지 않았다. 김주익은 85호 크레인에 올라 생을 걸고 회사의 응답을 기다렸다. 하지만 129일째 되는 날, 여전히 묵묵부답인 회사를 향해 손배가압류 해제, 해고자 복직, 징계 철회를 요구하며 목을 맸다. 보름 뒤, 동지를 지키지 못했다는 괴로움을 안고 곽재규가 4도크에서 생을 마감했다.

두 사람 목숨의 대가로 회사는 노동자들과 약속했다. 최강서가 목을 맨 자리는 당시 회사가 노동자들과의 약속으로 새로 세운 건물이었다. 회사는 호시탐탐 배신을 준비했다. 필리핀 수빅에 조선소를 세울 때, 노동자들은 정리해고를 하려는 것 아니냐고 물었다. 회사는 당신들의 일터를 빼앗지 않겠다고 약속했다. 사실 수빅조선소는 쥐똥 섞인 도시락을 먹으며 일하고, 철판에

---

1) 권영국, 「한진중공업 정리해고의 문제점과 정리해고 요건의 강화 필요성」, 2013.

깔려 쓰러져 간 노동자의 목숨과 땀으로 벌어들인 돈으로 세워진 것이다.

　이 르포르타주는 약속과 배신 사이에서 삶과 죽음이 교차하며 진행되어온 한진중공업 노동자들의 역사다. 한 노동자는 100일이 지나도 희망도 동료도 보이지 않아 목을 맸고, 한 노동자는 100일이 지나자 희망이라는 이름으로 전국에서 몰려온 시민들에 힘입어 걸어 내려온 85호 크레인의 기록이기도 하다. 산 자와 죽은 자를 갈라치기 했던 한진중공업, 그곳에 우뚝 선 85호 크레인 위에서 누군가는 죽어서, 누군가는 살아서 내려왔다. 외딴 섬 작은 집과 같았던 크레인 곁에 사람이 끊겼을 때 우리는 85호 크레인을 절망의 상징으로 여겼다. 하지만 그곳에 고깔모자를 쓴 우스꽝스러운 희망버스 승객들이 몰려왔을 때 그 외딴 섬 작은 집을 희망이라고 불렀다.
　옥빛 작업복을 입은 노동자들은 세상의 때가 묻지 않은 아기를 닮았다. 약속을 단 한 번도 어길 줄 몰랐다. 약속은 지켜야 한다는 순수한 마음 하나로 자신의 모든 걸 바쳐 울었다. 이 르포르타주는 옥빛 눈물로 빚어진 절망과 희망이 고스란히 담겨 있다. 이제 존재하지 않고 가슴속 상징으로 남은 85호 크레인의 붐대는 새끼손가락을 닮았다. 살아서 내려가는 연습을 하려고 하루에도 수십 수백 번 앞으로 일곱 발짝, 돌아서서 다시 일곱 발짝을 내디딘 조정실 앞 난간은 새끼손가락을 걸고 다짐의 약속을 찍던 엄지다. 그 아래서 눈물과 웃음, 절망과 희망을 품고 달려온 숱한 이들의 몸짓으로 이 르포르타주는 쓰였다.

제1부

일곱 해 만에 컨 보일러

2011년 1월 6일

바로 그날이다. 우리 모두가 두려워했던 그 순간. 2011년 1월 6일 새벽 3시 10분. 굳게 닫혔던 문이 열린다. 이윽고 숨죽인 발자국 소리가 텅 빈 크레인을 깨운다. 사방은 칠흑같이 어둡다. 작은 손전등 불빛이 안을 비춘다. 직각의 계단이 드러난다. 한 발 한 발 녹슨 계단에 발을 올린다. 그만큼 지상과 멀어져간다. 두려워할 틈도 없다. 동트기 전 올라가야 한다는 생각뿐이다. 마지막 난간에 손을 뻗었을 때 뒷골이 서늘했다. 2003년 그날, 바로 그곳이다. 김주익의 모습이 김진숙(민주노총 부산지역본부 지도위원)의 머릿속을 스쳐갔다. 크레인에 오른 그날부터 김진숙은 129일을 헤아리기 시작한다.

주익 씨가 마지막으로 보고 갔던 조합원이 60명이다. 2,500명의 조합원으로 투쟁을 시작해 힘든 시련을 이기지 못하고 크레인 밑에는 60명만 남았다. 2003년에는 조합원이 60명 남는 데 129

일이 걸렸는데, 2011년엔 며칠이 걸릴까? / 김진숙

    김진숙은 1982년 대한민국 최초의 여성 용접공으로 대한조선공사(지금의 한진중공업)에 입사했다. 스물한 살이었다. 돈 벌어서 대학 가는 게 소원이었다던 그의 눈앞에 펼쳐진 당시 조선소의 삶은 무척이나 비참했다. 머리가 깨져 바닥에 라면 면발 같은 뇌수가 흩어졌고, 용접 슬래그에 뺨이 움푹 파였다. 눈알에 용접불똥이 튀는 건 예사였다. 소원이 뭐냐고 물으면 주저함 없이 "안 죽고 일하는 게 소원"이라는 대답이 돌아왔다. 5년만 바짝 일하면 집도 사고 차도 사서 금의환향하리라 믿었던 김진숙은 쉰둘의 새해를 크레인 위에서 맞았다. 새벽 겨울바람이 거세 걷지도 못할 지경이었다. 침낭과 전기장판, 생수 한 통을 넣은 배낭을 어깨에서 내려놓은 뒤 간신히 난간을 잡고 동이 트길 기다렸다. 누구라도 봐주길 간절히 바라며.

    마침내 동이 트자 조합원들이 하나둘 모이는 걸 보며 제일 먼저 저 길 건너편 초등학교 정문 앞을 봤습니다. 그때 주익 씨는 내가 보였을까. 이곳까지 오지도 못하고 저 앞에서 한참을 쳐다보다 돌아가곤 하던 내가 보였을까. 그저 무력하게 쳐다보다가 돌아설 뿐인 그 사람이 낸 줄 주익 씨도 알았을까. 그때 주익 씨가 등지고 섰던 하늘은 파란색이었는데 여기 올라와 처음 본 하늘빛은 노란색이었습니다. / 김진숙

김진숙이 위태롭게 85호 크레인에 서 있을 때, 누군가 생활관에서 설핏 잠든 박태준을 깨웠다.

"빨리 옷 입어. 올라가삐다."

박태준은 단박에 알아차렸다. 뒤도 안 돌아보고 85호 크레인으로 달려갔다. 그곳에 김진숙이 있었다. 기가 막혔다. 끝내 크레인에 오르고 말았다. 조정실로 오르는 문을 열려고 잡아당겼다. 꼼짝하질 않는다. 안으로 굳게 닫혀 있다.

"김 지도님, 내려오이소!"

내려오라고, 퍼뜩 내려오라고 목이 터져라 불렀다. 하지만 김진숙은 꼼짝도 하지 않았다.

그때 누군가 산소절단기 선을 들고 뛰어왔다. 정태훈이다. 평소 막역해 김진숙이 '태발이'라고 부르는 이였다. 정태훈은 조정실로 향하는 문을 절단해버리겠다며 절단기 가스 밸브를 열었다. '씨익' 하며 엘피가스의 단내가 새어 나왔다. 오른손에 쥔 라이터를 켜려고 할 때였다. 정태훈의 전화가 울렸다. '김진숙' 이름이 떴다.

"그냥 둬라! 계속 그러면 뛰어 내리뿐다."

손에 쥐고 있던 라이터가 바닥에 맥없이 떨어졌다. 아무것도 할 수 없었다. 작업복을 입은 사내들은 꺼이꺼이 울기 시작했다. 그 눈물이었다. 김주익을 솔밭산에 묻으며 흘렸던 눈물. 다시는 외롭게 동료를 떠나보내지 않겠다며 흘린 다짐의 눈물. 그런데 김진숙이 홀로 올랐다. 땅과 통하는 유일한 통로를 걸어 잠근 채. 크레인으로 달려왔던 사내들은 섬뜩한 두려움에 휘감겼다.

85호 크레인 소식을 들은 김창훈의 아내 김현숙은 가슴이 철렁 내려앉았다.

올라갔다는데, 그것도 여자가 올라갔다는데, 저 사람이 왜 올라갔지? 나이도 있는 분이……. 내가 올라가야 되는 건데, 우리가 올라가야 되는데. 다른 사람이 대신 짊어지고 올라갔다는 그것 때문에 무조건 참아야 된다고 생각했어요. 어느 누가 내 짐을 지고 올라가서 죽어버리면 평생 그 짐을 안고 살아야 하는데, 나는 꾹 참고 끝까지 가야지……. / 김현숙

다음 날, 쉰네 살의 이용대도 크레인에 올라갔다. 20년 전 조립과에서 함께 일했던 김진숙을 홀로 둘 수 없었다. 이용대는 크레인 중간층에서 끼니마다 고구마를 올려주고, 김진숙이 잠들 때까지 그 자리를 지켰다. 매서운 바람을 피할 곳도 없지만 이용대는 '여기' 있는 게 마음에 편했다. 잠긴 줄 뻔히 알면서도 조정실로 향하는 통로 문을 당겨보기도 했다. '이 문 너머에 주익이가 있었고, 이 잠긴 문 너머에 진숙이가 있다. 진숙이를 주익이처럼 보낼 수 없다.' 문 앞에 주저앉은 이용대는 이곳에서나마 김진숙의 안녕을 지켜야 했다. 그래야 그나마 마음을 놓을 수 있었다.

진숙이랑 당시 조립과에서 같이 일했지. 진숙이가 내 소속 조

합원이었다고. 비록 회사에서 볼 때는 해고자 신분이지만 우리는 조합원 신분을 가지고 항상 대화를 하거든. 조합원이 크레인에 올라갔는데 대의원이 모른 척한다는 건 말이 안 되잖아. 그래서 바로 따라 올라갔지. 회사에서 카메라로 댕겨 찍더니 전화가 오는 기라. '이용대 씨 내려오라' 이거라. '왜 거기 올라갔느냐'고. 내려오라 이거라. 당신한테 분명히 안 좋을 게 갈 거니까 내려오라대. 그런데 내려갈 수가 없잖아. 어떻게 내려가. 그리고 8일 뒤에 해고통보 받았지 뭐. / 이용대

그날 저녁, 정문에서 열린 촛불문화제에 김진숙의 목소리가 스피커를 통해 흘러나왔다. 김진숙의 목소리는 단단했고, 사내들의 마음은 타들어갔다.

지난해(2010년) 2월 26일. 구조조정을 중단하기로 합의한 이후 한진에서 3,000명이 넘는 노동자가 잘렸고, 설계실이 폐쇄됐고, 울산공장이 폐쇄됐고, 다대포도 곧 그럴 것이고, 300명이 넘는 노동자가 강제휴직당했습니다. 명퇴 압박에 시달리던 박범수, 손규열 두 분이 같은 사인으로 돌아가셨습니다. 그런데 400명을 또 자르겠답니다. 하청까지 1,000명이 넘게 잘리겠지요. 흑자기업 한진중공업에서 채 1년도 안 된 시간 동안 일어난 일입니다. 그 파리 목숨들을 안주 삼아 회장님과 아드님은 정리해고 발표 다음 날 배당금 176억으로 질펀한 잔치를 벌이셨습니다.

2003년에도 사측이 노사 합의를 어기는 바람에 두 사람이 죽었습니다. 여기 또 한 마리의 파리 목숨이 불나방처럼 크레인 위로 기어오릅니다.

스물한 살에 입사한 이후 한진과 참 질긴 악연을 이어왔습니다. 스물여섯에 해고되고, 대공분실 세 번 끌려갔다 오고, 징역 두 번 갔다 오고, 수배생활 5년 하고, 부산 시내 경찰서 다 다녀보고, 청춘이 그렇게 흘러가고 쉰두 살이 됐습니다. 산전수전 다 겪었다 생각했는데 가장 큰 고비가 남았네요. 평범치 못한 삶을 살아오면서 수많은 결단의 순간들이 있었습니다만 이번 결단을 앞두고 가장 많이 번민했습니다. 85호 크레인의 의미를 알기에…….

지난 1년, 앉아도 바늘방석이었고 누워도 가시이불이었습니다. 자다가도 벌떡벌떡 일어나 앉아야 했던 불면의 밤들. 이렇게 조합원들이 잘려나가는 거 눈 뜨고 볼 수만은 없는 거 아닙니까. 우리 조합원들의 운명이 뻔한데 앉아서 당할 순 없는 거 아닙니까. 더 이상 피할 수 없는, 정면으로 붙어야 하는 싸움이라고 생각했습니다. 저는 한진 조합원들이 없으면 살 이유가 없는 사람입니다. 제가 할 수 있는 걸 다 해서 우리 조합원들을 지킬 겁니다. 쌍용차는 옥쇄파업 때문에 분열된 게 아니라 명단이 발표되고 난 이후 산 자, 죽은 자로 갈라져 투쟁이 힘들어진 겁니다.

지난 일요일. 2003년 이후 처음으로 보일러를 켰습니다. 양말을 신고도 발이 시렸는데 바닥이 참 따뜻했습니다. 따뜻한 방바닥을 두고 나서는 일도 이리 막막하고 아까운데 주익 씨는, 재규 형은 얼마나 밟히는 것도 많고 아까운 것도 많았을까요. 목이 메게 부르고 또 불러보는, 조합원 동지 여러분! / 김진숙

'동지'라는 두 글자가 크레인 주위를 한참을 맴돌다 사라졌다. 쉰둘의 김진숙은 왜 올랐을까? 그것도 85호 크레인에, 땅으로 내려가는 길을 스스로 봉쇄한 채 말이다. 약속이 아닐까. 2003년 이후로 한겨울에도 보일러를 켜지 못하고 살아야 했던 김진숙은 매일 밤을 김주익과 손가락을 걸며 지새웠던 건 아닐까.

망치 소리 멈춘 영도

2010년 12월 15일 이야기는 스무 날 전으로 거슬러간다.
2010년 12월 15일, 겨울 들어 처음 맞는 강추위다. 노동자들의 예상이 맞았다. 정리해고 통보가 떨어졌고 회사는 생산직 400명을 내보내겠다고 했다. 그리고 나흘 동안 희망퇴직 신청을 받은 뒤 정리해고를 진행할 계획이다. 400명은 전체 생산직 노동자 1,200명의 3분의 1에 이르는 숫자다. 셋 가운데 둘만이 앉을 수 있는 의자를 두고 진행되는 생존의 놀이가 시작됐다.

회사는 왜 이런 잔인한 놀이를 시작했을까.

경영진은 정리해고를 할 수밖에 없는 '절박한' 상황이라고 주장했다. "지난 2년 동안 배를 한 척도 수주하지 못했다. 60차례 견적을 냈으나 단가를 맞추지 못했고, 마지막으로 수주한 선박 건조가 끝나면 일감이 없어진다. 영도조선소 노동자들의 임금이 자회사인 필리핀 수빅조선소 노동자들보다 20배나 높아 인력을 줄여야 한다"라고 했다.

과연 그럴까? 실제로 2008년은 세계 금융위기 직후라 한진중공업뿐만 아니라 국내 전체 조선업체의 선박 수주는 최악의 상태였다. 그러나 2010년 들어 세계 경기가 조금씩 회복되면서 선박 경기도 살아났다. 현대, 대우조선, STX 등 국내 조선업체는 수주 실적이 원상회복됐다. 딱 한 곳, 한진중공업만 빼고. 한진중공업은 2년 연속 수주 실적 '0'을 기록했다.[2]

2009년이 불황이라고 했지만 조선소는 그해 작업할 물량을 그해에 따는 게 아니에요. 이전에 3년 치, 5년 치 물량을 따놔요. 그런데 회사가 우리를 정리해고하려고 했던 걸 알게 된 게 바로 수주량이에요. 거제도에 있는 대우라든지 이런 데는 2010년도에 수주가 있었다고요. 한진만 줄여나가는 거죠. / 김병철

"한진이 영도에서 발 뺀다." 2006년 한진중공업이 필리핀에 조선소 부지를 닦을 때부터 영도에는 무성한 소문이 돌기 시작했다. 회사는 1970년대부터 건설 사업을 통해 입지를 다져온 필리핀에 80만 평에 이르는 큰 부지를 매입하고 2개의 도크를 건설했다. 수빅의 도크는 초대형 선박 2개 이상을 동시에 조립할 수 있는 규모다. 영도는 도크 4개를 보유하고 있으나 부지가 수빅의 4분의 1밖에 되지 않아 초대형 선박 건조가 상대적으로 불

---

2) 허민영, 「한진중공업 사태의 쟁점과 의미」, 2011.7.29.

리했다. 이미 시설 면에서 수빅은 영도조선소를 넘어섰다.[3] 한진중공업은 수빅에 조선소를 세우며 영도조선소의 인력을 30%만 남기고 구조조정하겠다는 계획을 발표했다.

영도조선소의 수주량이 '0'을 기록할 때, 수빅은 바쁘게 돌아갔다. 건조물량 3년 치를 모두 채울 정도로 포화 상태였다. 2010년 7월, 수빅조선소의 수주잔량은 41척으로 세계 18위를 기록했다. 영도는 비어가고, 수빅은 넘쳐났다. 또한 한진중공업은 영도에서도 제작이 가능한 선박 19척마저 수빅으로 가져갔다. 이는 의도적으로 영도조선소를 비우겠다는 의미와 같았다.

2007년 3월, 노사는 합의했다. 회사는 국내 생산물량 확대를 위해 국내 투자 증대에 노력하고, 현 수준으로 적정인력을 유지하며, 경영상의 이유로 국내공장의 축소 및 폐쇄 등 인위적 구조조정을 하지 않겠으며, 또한 해외공장이 운영되는 한 조합원을 정리해고 하지 않고 단체협약에 나온 정년을 보장하겠다는 내용이었다. 노동자들은 이 약속을 철석같이 믿었다.

김인수는 노동자와의 약속을 헌 고무신짝처럼 버리는 경영진에 분노가 치밀었다.

수빅에 조선소 건설을 시작했죠. 이래 급속도로 변할 거라고는 생각하지 않았어요. 우려되는 지점은 분명히 있었죠. 그래서 물

---

[3] 허민영, 「한진중공업 사태의 경제적 영향과 정책과제」, 2011.2.10.

량이 부족하면 수빅부터 뺀다고 합의를 했던 거고, 그것만 믿고 있었죠. 그런데 효력이 없다대요. 회사가 그래 말하니 사람들이 다 맞다고 하대요, 거참. ╱ 김인수

 단체협약을 위반한 해고는 엄연히 부당해고다. 대한민국 법으로 그렇다고 되어 있다. 하지만 5개월 뒤 부산지방노동위원회(지노위)는 "예상치 못한 사정 변경으로 인하여 긴박한 경영상의 필요성이 있는 이상 정리해고는 가능하다"며 사용자의 손을 들어주었다. 10월에 열린 중앙노동위원회(중노위)에서도 마찬가지였다.
 법은 재벌 총수에게 적용될 때는 한없이 너그럽고, 노동자에게 적용될 때는 야멸찼다. 처지에 따라 법의 해석은 뒤집혔다. 시민의 밥그릇과 인권을 지키라고 만든 법이 노동자의 권리와 밥줄을 내팽개치는 수단이 되었다. 당장 생계를 빼앗긴 한진중공업 노동자는 법에 버림받은 천덕꾸러기 신세로 전락했다. 믿었던 법에 발등이 찍힌 허석현은 지금도 그 상처가 아리다.

 우리가 중노위 갈 때 무조건 이기겠다고 생각했어요. 우리가 말도 안 되게 (지노위에서) 겼기 때문에. 기본적으로 필리핀에 조선소 세울 때 단체협약 했던 그런 문구들이 있잖아요. 변호사들도 우리가 이길 거라고 했어요. 나중에 엉터리로 매겨진 고과 점수표도 들고 갔었다고요. 당사자가 억울해서요. 무조건 이길 줄 알

앉죠. 그런데 내놓은 판정은 보류, 보류 며칠 하다가 탕 때린 게 회사 측 손 들어주고……. / 허석현

　회사는 주장한다. 수빅조선소보다 20배 높은 임금이 회사의 경영 악화에 직접적인 영향을 준다고. 과연 그럴까? 한진중공업 노동자들의 임금은 수주물량이 정상적일 때도 7대 조선소 중에서 가장 낮았다. 다른 조선업체의 임금 수준을 한진중공업과 비교하면, 삼성중공업 126%, 대우조선 127%, 현대중공업 138%다. 이처럼 한진중공업보다 임금 수준이 높은 국내 조선소들은 2010년 무리 없이 신규 수주를 기록했다.
　수빅 노동자의 임금은 월평균 약 35만 원으로 국내 임금의 10% 정도이다. 이는 중국 노동자보다 낮은 수준이다. 그러나 조선소의 경쟁력에서 인건비가 절대적인 기준은 아니다. 조선 산업의 생산비용 중 절반 이상을 철판과 같은 자재비가 차지한다. 영도조선소의 인건비 비중은 전체 생산비용의 20%이고, 수빅조선소는 7%다. 두 조선소 인건비 비중은 13%포인트밖에 차이가 나지 않는다.[4] 영도조선소 노동자가 열 배의 임금을 받지만 그만큼 생산력도 뛰어나다는 말이다. 임금 격차는 노동자가 지닌 뛰어난 기술력으로 충분히 뛰어넘을 수 있다. 경쟁력을 갖춘 배를 수주한다면 영도조선소는 사라져야 할 곳이 아니라 자랑으

---

4) 허민영, 「한진중공업 사태의 경제적 영향과 정책과제」, 2011.2.10.

로 지켜야 할 조선소다. 한진중공업을 '대한민국 조선 1번지'라고 부른다. 대한민국을 세계적인 조선산업 강국으로 일궈온 데에는 한진중공업 노동자의 뛰어난 기술력과 경쟁력이 밑받침되었기에 가능했다.

한진중공업 정리해고 문제의 접근은 여기에 있다. 뛰어난 기술로 경쟁력을 갖춘 노동자가 구조조정의 대상이 되는 것이 아니라, 조선산업의 변화에 적극 대응하지 않고 싼 인건비만 좇는 경영진의 무능과 나태함에 구조조정의 칼날이 우선되어야 했다. 수백 억 원의 주주 배당을 하며 수십 억 원을 챙긴 조남호 회장이 수주량 '0'의 책임을 노동자에게 짊어지라 하니, 어찌 수긍할 수 있겠는가.

노동조합은 필리핀으로 가져간 8척의 배를 영도로 가져오고, 회사를 경영할 의지가 없는 책임자들을 경질시키라고 했다. '먹튀'라는 말도 나왔다.

한진 사측의 속마음은 국내 조선소 사업에서 손을 떼는 것이며, 영도조선소를 축소하고 폐쇄하기 위해 수주 0건을 만드는 등 이른바 먹튀식 경영을 하고 있다고밖에 볼 수 없습니다. / 최우영

2010년 12월 20일 노동조합은 12월 20일 총파업에 들어갔다. 이어 '한진중공업·부산경제살리기 시민대책위원회(시민대책위)'도 꾸려졌다. 정당들도 "한진중공업과 부산경제 살리기"라는

현수막을 내걸었다. 노동자들은 회사가 정리해고 계획을 철회할 때까지 흩어지지 말고 투쟁하자고 약속했다. 정리해고 명단에 포함되지 않은 조합원들은 월 50만 원씩을 투쟁기금으로 모으기로 한다. 긴 싸움의 시작이었다.

나흘간 희망퇴직을 신청한 생산직 노동자는 26명에 불과했다. 회사는 목표로 잡은 400명에 턱없이 모자라자 관리책임자들을 모아놓고 긴급 대책회의를 가진 뒤, 희망퇴직 신청 기간을 일주일 더 연장했다. '어떻게든 내보낸다'는 의지였다. 노동자들은 '끝까지 함께 투쟁한다'고 손가락을 걸었다. 공장 안에서 철야농성에 들어갔다. 소금꽃이 선명한 작업복을 벗고, 굵은 땀방울을 씻어내던 생활관 탈의실에 텐트를 쳤다.

망치 소리가 멈춘 조선소는 적막에 휩싸였다. 도크에는 짓다 만 배들이 노동자를 기다리고 있었다. 6,000여 명의 노동자들이 밤낮 가리지 않고 용접기의 불꽃을 뿜던 영도가 긴 침묵에 빠졌다.

2011년 1월 3일 1월 3일, 새해 첫 출근 날. 입김마저 새하얗게 얼어붙었다. 노동자들은 침낭을 하나씩 둘러메고 조선소로 향했다. 2박 3일 노숙농성의 시작이었다. 목적지는 부산시청. 청사 앞 보도블록에 천막을 세우고 침낭을 펼쳤다.

김진숙은 농성을 떠나는 동료들을 배웅했다. 마음이 착잡했다. 조선소밖에 모르고 살아왔던 아저씨들을 바라보며 가슴속에서 무언가가 돋아나고 있었다.

    침낭도 아니고 이불을 들고 출근하시는 아저씨를 봤습니다. 새해 첫 출근 날, 노숙농성을 해야 하는 아저씨의 마음은 어땠을까요. 이 겨울 시청광장 찬 바닥에서 밤을 지새운다는 가장에게 이불 보따리를 싸줬던 마누라는 어떤 마음이었을까요. 살고 싶은 겁니다. 다들 어떻게든 살아남고 싶은 겁니다. ╱ 김진숙

    노동자 가족들은 한 고비만 넘기면 될 거라고 생각했다. 그래도 희망의 줄기가 잡히던 시절이었다. 배낭을 메고 집을 나서는 남편을 물끄러미 바라보는 김현숙은 오로지 잘될 거라고 믿었다.

    정말 순진했죠. 사회생활이 뭔지도 모르고 진짜 살림만 했어요. 노동조합이 있으니 거기서 뭐 알아서 싸우겠지 싶었어요. 싸우다 보면 회사에서 손들겠지. 길어봐야 3개월 싸우면 안 되겠나 싶었어요. ╱ 김현숙

백만 원짜리 인생

2011년 1월 12일 회사는 정리해고 명단을 추려냈다. 290명의 대상자가 정해졌다. 희망퇴직 신청자 82명과 정년퇴직자 28명, 그리고 정리해고 대상자까지 총 400명이 맞춰졌다. 허겁지겁 정리해고자 수를 맞추기 위해 회사는 마구잡이로 명단을 올렸다.

1월 12일, 회사는 2월 14일자로 해고하겠다는 내용의 편지를 각 가정에 우편으로 보냈다. 앞날은 캄캄해졌고 자부심으로 가득 찼던 노동자들의 마음에 금이 갔다.

12년간 시운전 팀에서 배를 띄워온 허석현은 자신이 정리해고 대상이라는 게 믿기지 않았다.

중소컨테이너 선박은 한진중공업이 세계 최우수 선박이라고 1등 상도 받고 그랬어요. 한진중공업 배가 다른 업체 선박보다 나트가 잘 나와요. 속력이 빠르다는 거죠. 제가 시운전 팀이기 때문

© 정기훈

에 그런 얘기 많이 들어요. 그만큼 자부심도 컸어요. 그런데 제가 왜 해고됐는지 몰라요. 도무지 이해가 안 돼서 내 밑에서 일했던 동생 두 명이랑 노무과에 올라가서 인사 점수를 확인했어요. / 허석현

허석현은 시운전 팀의 조장으로 일했다. 조장은 한 배를 책임지고 전체 조원들의 업무를 돕는 사람이다. 파트장인 직장에게 인정을 받지 못하면 맡을 수 없는 자리다. 하지만 허석현의 기술 역량 점수는 빵점에 가까웠다. 자신이 일을 가르쳤던 후배들의 점수보다 낮았다.

둘이는 내가 일을 가르쳤던 애들이에요. 한 놈은 점수가 20점 만점에 17점인가 그렇고, 한 놈은 14점인가 뭐 이래 되더라고요. 그런데 나는 빵점 가까이 준 거예요. 능력 안 되는 사람한테 조장을 시키겠어요? 인정을 하기 때문에 시키는 거예요. 하도 어이가 없어서. / 허석현

허석현은 노무담당을 찾아갔다. "나는 모른다. 현장에서 올라온 대로 적었을 뿐이다." 그걸로 끝이었다.
회사에 애착이 컸던 허석현은 그간 죽을 둥 살 둥 일했다. 한진중공업에서 집사람을 만나 결혼했고, 두 아들의 아버지가 되었다. 동료들에게 인기가 많았고, 선박의 빠듯한 공기를 맞추기 위해 주말에도 일 나가는 걸 마다하지 않았던 사람이었다.

사람이란 게 그렇잖아요. 어디를 가도 내가 할 수 있는 만큼 최선을 다하고, 최선을 다한 만큼 대가를 받아 가면 기분 좋잖아요. 내 자신이 당당해지니깐요. 본가가 영도에 있어요. 한 번씩 애들이랑 본가로 넘어오면서 '아빠 회사다. 아빠 배 만드는 곳이다.' 그러면 애들이 억수로 자랑스러워하고 신기해하거든요. / 허석현

앳된 청년일 때 입사해 25년간 배를 만들어온 김인수도 해고통보서를 받았다. 김인수의 기술역량 점수는 11점이었다. 기본점수 10점에 겨우 1점만 더해졌다.

제가 전기팀이에요. 전기 장비를 만지는데, 하나하나 해나가는 게 재밌더라고. 대부분 엔진을 보죠. 큰 배를 움직이려면 엔진이 어마어마하게 커야 하고 손도 엄청 많이 가요. 배선이 귀신 머리카락처럼 엉망이야, 엉망. 하나하나 잡아서 작동 확인하고 정리하는 게 재밌더라고요. 공기도 안 좋고, 안에 환경이 상당히 안 좋지만, 한 달만 지나면 적응이 돼요. / 김인수

회사는 인사고과, 기술, 근태 등 7개 선정 기준을 가지고 959명 중 170명의 해고자들을 가려냈다.[5]

기본이 10점이고 만점이 20점이야. 조절할 수 있는 건 기능점수랑 고과점수밖에 없더라고. 고과는 파트장인 직장이 매기지만

기능은 숙련의 문제예요. 1년 된 애들, 도면도 못 보는 애들은 기술점수가 18점이고, 20~30년 일한 사람은 11점이고 그래요. 도면도 제대로 볼 줄 모르는 친구가 18점이야. ╱ 김인수

해고통보서가 발송된 날, 영도에서는 두 차례의 항의집회가 열렸다. 조합원과 시민사회단체 회원 등 1,000명가량이 모였다. 노동조합 지회장을 맡은 채길용과 민주노총 부산지역본부장인 윤택근이 회사 쪽의 정리해고 통보에 항의하며 삭발했다. 채길용은 삭발에 앞서 "회사의 갑작스런 정리해고 통보는 재판에서 사형을 선고받은 것과 같다. 시민사회단체와 연대해, 부실경영의 책임을 노동자한테만 돌리는 경영진의 일방적 구조조정을 막겠다"라고 조합원들과 약속했다. 우리는 채길용이 한 이날의 약속을 기억해야 한다.

시민들도 반발했다. 시민대책위는 "향토기업을 지키고 부산경제를 살리기 위해 백방으로 노력했으나 한진중공업 경영진은 부산시민의 뜻을 무시하고 정리해고 명단을 발표했다. 오늘부터 경영진의 책임을 묻는 범시민운동에 들어가겠다"라고 밝혔다.

1월 12일은 김진숙이 85호 크레인에 올라간 지 일주일이 되는

---

5) 사측은 노동부에 신고한 정리해고 대상자 290명을 열외 없이 해고하겠다는 기존 방침에서, 비해고자 대상자 중에서 희망퇴직을 신청한 숫자만큼 구제하는 것으로 2월 11일부로 입장을 바꿨다.

날이기도 하다. 회사는 정리해고 대상자가 아닌 조합원들에게 교육에 참가하도록 통보했으나 노조는 응하지 않았다. 조합원들은 회사 쪽이 외부 용역회사 직원들을 동원해 김진숙을 강제로 끌어내릴 것에 대비해 규찰대를 조직했다.

그간 씩씩하게 하루하루의 소식을 전해온 김진숙은 이날 저녁에 열린 촛불문화제에서 격앙된 감정을 쏟아냈다.

오늘 정리해고 명단 발표 소식을 들었습니다. 290명, 가족까지 1,200명, 하청까지 수천 명. 그 중에는 아빠가 빨리 일을 다시 시작해서 피아노 학원을 다니고 싶은 딸내미도 있을 것이고, 태권도를 배우고 싶은 아들내미도 있을 것이고, 이제나저제나 우리 아들 직장을 걱정하는 늙으신 부모님도 계실 것이고, 수십 년 새벽밥을 했던 마누라도 있을 것입니다.

더 이상 흩어지지 않기 위해, 다시는 울지 않기 위해 이 85호 크레인에 불을 밝혔습니다. 그리하여 이 85호 크레인의 달력은 2003년 10월 17일부터 다시 시작하여 오늘이 2003년 10월 23일입니다. 제가 평생을 짝사랑했던 한진중공업 동지 여러분. 제 걱정은 하지 마십시오. 아프지 마시고 술 많이 먹지 마시고 밥 잘 먹고 잘 버텨서 이 투쟁 기필코 승리합시다. / 김진숙

2011년 1월 17일 1월 17일, 부산지방법원은 김진숙에게 이행강제금[6]을 하루 100만 원씩 부과하기로 결정했다. 회사

는 1월 6일 법원으로부터 퇴거 단행 및 사업장 출입금지 가처분 결정을 받아낸 뒤, 간접강제 신청을 한 거다. 김진숙이 이행강제금을 내지 않으면 부과 대상자의 부동산을 바로 압류하고 경매를 신청할 수 있다. 또 회사는 김진숙의 고공시위와 노조의 업무방해 때문에 선박건조 작업이 중단됐다며 1억 100만 원의 손해배상 청구소송을 제기했다.

하루에 한 번, 김진숙의 목소리가 영도조선소에 울렸다. 촛불을 든 노동자들은 이 순간을 기다리며 스물네 시간을 견뎠는지 모른다. 쩌렁쩌렁한 김진숙의 목소리에 때론 웃고, 때론 눈물을 지었다. 발언이 끝나면 노동자들은 고개를 일제히 땅으로 숙였다. 긴 한숨이 겨울밤을 갈랐다. 뿌연 담배 연기만 영도조선소를 맴돌았다.

오늘부터 저는 하루 100만 원짜리 인간이 됐습니다. 징역 살 때 하루에 4만 5,220원씩밖에 안 쳐주더니, 제 가치를 이제야 인정받는 거 같습니다. 근데 이 투쟁 깨지면 저는 진짜 거시기됩니다. 한진 자본은 2003년 시나리오와 (어쩌면 이리도) 똑같이 가고 있는지 감탄을 금할 수가 없습니다. 이 크레인으로 하루 100만 원을 벌어서, 이 크레인을 운전하는 하청노동자에겐 얼마의 월급

---

6) 행정법상의 의무이행을 간접적으로 강제하기 위해 일정한 기간까지 의무를 이행하지 않으면 물리게 되어 있는 과태료.

을 줬습니까?

한 이틀 디지게 추웠습니다. 안에 있던 것들도 다 얼어서 사과는 사과탄이 되고, 바나나는 곤봉이, 시루떡은 보도블록이 되었습니다. 그 추운 밤에 이 크레인을 지켜주신 사수대 동지들, 그리고 조합원 동지 여러분들이 피워 올리는 가슴 속 장작불로 인해 저는 동상도 안 걸리고 감기도 안 걸리고 잘 견뎠습니다. 눈물겹게 고맙습니다.

20년이 넘는 세월 동안 무수한 고비를 넘으면서 수많은 무용담을 만들어 오셨던 아저씨들. 그 무용담을 신화처럼 들으며 한진 조합원이라는 자긍심을 키워왔던 동생들, 서로서로 잘 지켜줍시다. 부디 잘 이겨내고 잘 견뎌냅시다. 총 맞은 동지들, 우리 단결이라는 방탄조끼 입었잖습니까? 버티면 이기는 시간 싸움이고 나 자신과의 싸움에서 이겨야 승리할 수 있는 싸움입니다. 어차피 구제역 때문에 설날 고향도 못 갑니다.

저는 우리 한진중공업 조합원 동지들, 그리고 연대투쟁을 몸으로 실천하시는 동지 여러분들을 끝까지 믿겠습니다. ╱ 김진숙

노동자들은 한나라당 부산시당 사무실과 한나라당 원내대표를 맡고 있는 김무성 국회의원 부산사무실 앞에서 단식을 시작했다. 정부 여당이 한진중공업 경영정상화와 노동자 290명에 대한 정리해고 철회에 적극적으로 나서줄 것을 요구했다. 2월 14일이면 해고자가 되는 노동자들과 동료 800명은 총파업과 공장

내 철야농성을 이어갔다.

  노동자들은 작업복 차림으로 텐트를 들고 부산으로, 서울로 흩어졌다. 서울 한남동 조남호 회장집 앞에서 1인시위를, 부산시청 앞에서 노숙투쟁을, 한나라당 김무성 원내대표 사무실과 부산시당 사무실 앞에서 노숙단식농성을 시작했다. 노동자들의 투쟁 강도는 높아져 갔다.

폭설에 끊긴 영도다리

2011년 2월 14일 해고통지서에 박힌 2월 14일이 거짓말처럼 다가왔다. 노동자들의 운명을 예감이라도 한 듯 하늘에서는 많은 눈이 내렸다. 좀처럼 폭설이 내리지 않는 부산에서는 이례적인 일이다. 계속 쌓이는 눈의 하중 때문에 경찰은 영도대교의 통행을 금지시켰다.

대학 졸업 후 '부산반빈곤센터'에서 일하는 최고운은 동료들과 영도를 찾았다. 정문 옆으로 연대단체들의 농성 천막이 펴지고 있었다. 회사가 정리해고를 단행하기로 한 날, 최고운은 지역 시민단체 활동가들과 눈발 속에 천막을 세웠다. 이렇게라도 해고 노동자에게 힘을 실어줘야 한다는 게 최고운의 마음이었다.

이날 새벽, 영도조선소 안의 17호 크레인에 두 사람이 올라갔다. 채길용과 문철상(금속노조 부산양산지부장)은 지상에 내릴 50미터 길이의 식량밧줄을 챙겼다. 그리고 87일 뒤 계단을 타고 스스로 내려올 때까지 크레인으로 오르는 문을 걸어 잠갔다. 김진숙처럼 '정리해고 철회'를 요구하며 17호 크레인 농성을 시작했지만 채길용이 바라보는 눈은 달랐다. 채길용은 그동안 김진숙이 오른 85호 크레인을 손톱 밑 가시처럼 여겼기 때문이다.

김 지도님 올라가시고 매주 토요일마다 85호 크레인 앞에서 문화제가 열렸어요. 크레인 밑을 지키는 조합원들과 함께하고, 김 지도님 얼굴도 뵙고요. 그런데 언제부턴가 이상하단 걸 알았어요. 우락부락한 노조 간부들이 막 찾아와서 문화제 하지 말라고 행패 부리고 그랬어요. 우리가 붙여놓은 현수막 다 떼어서 버리고, '아, 이 사람들이 85호 크레인을 경계하고 있구나' 싶었죠. 너무 곪아 있구나....... / 최고운

채길용 집행부는 85호 크레인 앞 문화제를 못마땅하게 여겼다. 김진숙이 크레인에 올라갔을 때 "집행부 골탕 먹이러 올라갔다"는 말이 노조 사무실에서 나올 정도였다. 채길용이 17호 크레인에 올라가기 전, 대의원대회가 열렸다. 조합원과 가족들 모두 모여 가족한마당 행사를 벌이기로 했다. 그러나 채길용 집행부는 85호 크레인 앞에서 진행하는 걸 끝까지 거부했고, 행사는 단결의 광장에서 치러졌다. 결국 김진숙은 그날의 행사를 보지 못했다.

채길용 집행부는 투쟁하는 집행부가 아니거든요. 언제든지 회

사와 교섭하기 위해서 통박을 굴렸어요. 그러니깐 줄 건 주고 받아올 건 받아오자는 생각이 강했던 사람들인 거죠. 거기서 1월 6일 올라간 김 지도는 독이죠. 채길용 집행부가 회사에 무언가 이야기를 하려고 하면 회사는 쟤(김진숙)를 내려오게 해라, 그 전에는 너네하고 이야기 안 하겠다고 하는 거예요. 채길용 입장에서는 미쳐버리는 거죠. 왜? 합의 안 하고 올라갔기 때문에. 내려오라고 하면 뛰어내리겠다고 하니깐. 얘들(채길용 집행부)은 죽어나는 거죠. 쟤네들 성향에 전혀 안 맞는 거니깐. 그런 관점의 차이인 거예요. 회사에서는 아 요것 봐라, 요거를 걸고넘어지니깐 한꺼번에 요리를 할 수 있겠구나……. 그런 식으로 시간이 흐른 거예요. / 박태준

김진숙은 당시 지회장이었던 채길용과 상의하지 않고 농성을 시작했다. 채길용 입장에서는 서운한 일일 수도 있다. 집행부에게는 갑작스럽고 혼란스러운 상황이 닥쳤을 거다. 하지만 김진숙의 행동은 노동조합을 무시하거나 약화하려는 의도가 아니라는 걸 채길용은 누구보다도 잘 알고 있는 사람이다. 노동조합이 정리해고를 막을 수 없는 상황이 오리란 것도 채길용은 잘 알고 있다. 2003년 당시 지회장인 김주익이 85호 크레인에 오른 까닭도 노동조합의 정상적인 교섭과 투쟁으로는 정리해고를 막을 수 없다는 판단 때문이었다. 물론 85호 크레인 농성을 누구와 상의할 조건도 아니었다. 그 농성이 시작되면 두 가지 길밖에 존재하

지 않기 때문이다. 하나는 정리해고를 막고 걸어서 내려오는 길, 또 하나는 김주익의 길이다. 어느 길도 감당하기 어려운 일이다. 누구에게 감내하라고 강요할 수 있는 방법도 아니다. 그래서 누구하고도 상의할 수 없는 길이기도 하다. 그 길에 김진숙은 오른 것이다. 그 선택을 논의하고 합의하지 않았다고 손가락질을 할 수 없다. 해고통지서가 발송되어 한솥밥을 먹던 동료들이 산 자와 죽은 자로 갈라지는 순간, 돌이킬 수 없는 야만이 시작된다는 걸 김진숙도 알고, 채길용도 안다. 쌍용자동차 정리해고는 그 야만이 어디로 치닫는지 선명하게 드러냈다. 어제의 동료에게 새총을 겨누고 볼트를 쏘아야 하는 야만, 그 야만에 몸만이 아닌 정신마저 상처를 입은 노동자들은 하나둘 목숨을 끊어갔다. 김진숙은 그 상황을 한진중공업에서는 막고자 홀로 85호 크레인을 선택한 것이 아닐까. 그래서 85호 크레인 농성은 산 자와 죽은 자로 가르는 걸 눈곱만큼도 인정하지 않는, 퇴로가 없는 싸움이다.

해고통지서를 발송한 날, 채길용이 삭발을 하며 조합원들에게 한 약속을 기억할 거다. 그는 '일방적 구조조정을 막겠다'고 했다. 회사는 '일방'이 아닌 '쌍방'을 필요로 했다. 몇 달 뒤 채길용은 '쌍방'에 동참했다. 퇴로 없는 싸움에 놓인 두 가지 길의 험난함을 한진중공업 생활을 통해 터득한 채길용은 당연히 85호 크레인 농성에 기꺼이 동참하거나 연대할 수 없었다. '모두가 살 길'에 대한 믿음이 없었기 때문이다. 누군가의 희생은 불가피하지 않겠느냐는 채길용의 판단은 회사의 '선처'에 추파를 던지며 교섭에 기댈 수밖에 없었고, 회사는 그것을 이용해서 회유하고 협박했을 거다. 그래서 채길용도 회사의 희생자인지 모른다.

김진숙이 노조 집행부와 상의 없이 85호 크레인을 선택한 까닭도 채길용의 입장을 누구보다 잘 알고 있었기 때문이다. 김진숙과 채길용은 어제오늘 만난 사이가 아니지 않은가. 지난 투쟁의 과정에서 서로의 입장은 검증되고도 남을 충분한 시간이 있었고, 그 검증은 이번 투쟁 과정에서 확연히 드러나게 된다.

17호 크레인 농성을 폄하하거나 진정성을 의심하고 싶지는 않다. 채길용이 겪었을 고통도 만만치 않았을 거다. 다만 채길용과 김진숙이 가려던 길은 달랐다. 이후 확연히 드러났고, 역사는 예상대로 쓰였다는 걸 말하고 싶을 뿐이다.

시간은 더디게 흘러갔다. 조금씩, 아주 조금씩 피를 말려가며 흘러갔다. 멈춘 듯 지루하게 농성 하루에 또 하루를 보태며 노동자의 의지가 스스로 무너져 내리거나 흔들리기를 바랐는지 모른다. 약한 바람에도 크레인은 쉽게 흔들렸다. 배를 탄 것과 같았다. 김진숙은 매일 멀미를 했다. 조정실에서 전기장판을 다 펴지도 못하고 반으로 접어 새우잠을 잤다.

크레인 밑에서 트위터를 하라고 스마트폰을 올려줬다. 전원 버튼이 어디 있는지조차 몰라 스마트폰을 켜는 데만 이틀이 걸렸다. 그 뒤로도 오랜 시간이 지나서야 트위터를 열 수 있었다. 첫 트윗을 날리자 85호 크레인 밑에서 함성이 터졌다. 가끔 기자들이 김진숙에게 "하루 일과가 어떻게 되는지" 물었다. "아침에 일어나서 운동하고 신문 읽고 책 읽고 하지요"라고 그랬다. 순전 거짓말이었다. 하루 22시간 트위터만 했다.

사실 희망버스보다 먼저 85호 크레인 찾아온 게 고구마다. 트친이 뭐가 필요하냐고 하길래, 고구마가 필요하다고 김진숙이 답하자 거짓말처럼 고구마가 올라왔다. 그 다음에는 사과가 85호 크레인을 응원 왔다. 그리고 4월, 사람이 왔다.

붉어진 아내의 눈

....

2011년 4월 5일 4월 5일 가족대책위원회(가대위)가 꾸려졌다. 해고자뿐만 아니라 비해고자 가족들까지 힘을 모았다. 새댁들은 아기를 업고 영도로 달려갔다. 어떤 이는 아이가 다니는 학교 앞 문방구에서 생계를 위해 아르바이트를 하기도 했다.

가대위 대표는 한진중공업지회 간사 일을 도맡아온 도경정이 맡았다. 도경정의 남편은 한진중공업 노동자 김동섭이다.

처음에 엄마들이 20명 정도가 모였어요. 얼떨결에 대표를 맡게 됐어요. 제가 김해 사니깐 한번 사람들 모아보겠다고 말했죠. / 도경정

김해시 내동 한진그룹 사원아파트 201동과 202동. 임차료 340만 원의 이 아파트에 정리해고자 가운데 50여 명이 살고 있었다. 회사는 4월까지 해고자에게 사원아파트에서 퇴거할 것을 요

구했다.

 신동순은 한진중공업 울산공장이 문을 닫자 2010년 8월 영도로 배치전환 되었다. 그런데 6개월도 안 돼 정리해고 통보와 함께 퇴거명령서를 받았다. 신동순의 아내 조은순은 어처구니가 없었다.

 사택에서 나가라는 독촉장을 두 번 받았어요. 희망퇴직서를 쓴 사람들은 회사에서 2년 더 살 수 있도록 연장해줬다고 하더라고요. 함께 이사 왔던 사람들인데 이런 식으로 사람을 갈라놓는 회사한테도 화가 나고, 억울해서 도저히 나갈 수가 없어요.[7] / 조은순

 2003년도에는 정말 집 가지고 장난을 많이 쳤다고 하더라고요. (파트장인) 직장이 직접 찾아와가지고 '너 민주노총에서 나올래, 아니면 이 집에서 나갈래' 이런 식으로 대놓고 이야기했대요. 더럽고 앵꼽아서 나간 사람도 있고요. 어쨌든 퇴거명령이 와서 희망퇴직 쓴 사람도 제법 있어요. 희망퇴직 쓰면 2년 내지 3년의 (사원주택에서 살 수 있는) 여유 기간을 줬어요. 3년 있다 나가도록 약속을 해주는 거예요. / 김현숙

 이처럼 산 자와 죽은 자의 갈림은 일터만이 아니라 삶터까지

---

7) 한국프롤레타리아 투쟁보도, "조남호나 박성호나 목숨은 똑같이 귀합니다".

덮쳤다. 회사의 야비함을 넘어 야만스러움이 엿보인다. 집은 옷이나 밥과 함께 기본권이다. 이 기본권을 무기로 해고자의 목줄을 죄는 행위를 보며 양심과 이성도, 피도 눈물도 없는 자본의 그 차가움에 치를 떨 수밖에 없다. 정리해고자는 그 해고의 정당성을 받아들일 수가 없었다. 그래서 정리해고가 옳은지를 법에 묻고 있었다. 해고의 확정이 아니라 다툼의 과정이었다. 이 과정에서 아내와 아이가 먹고 자는 보금자리를 빼앗겠다고 한 거다. 자신의 집에 놀러온 친구와 말다툼을 하다가 '우리 집에서 나가. 다시는 우리 집에 오지 마!'라고 친구를 내쫓는 꼴이다. 내쫓는 일을 친구가 하였다면 그야말로 아이들 일로 치부할 수 있다. 조남호 회장이 이 일을 모를 까닭이 없다. 희망퇴직서를 쓴 이에게는 유예기간을 준 걸 보면 단순히 담당자의 선에서 이루어진 일이라고 할 수 없다. 결국 집주인인 부모가 나서서 아이 친구를 내쫓는 황당하고 야만스러운 일을 벌인 거다.

 치사하다는 생각을 한 해고자의 아내도 있다. 당장 지하 달셋방이라도 얻을 수 있다면 남편에게 사직서를 내고 한진중공업을 보고는 오줌도 누지 말자며 짐을 싸고 싶은 마음이 든 이도 있었다. 하지만 입을 열 수가 없었다. 당장 갈 곳도, 달셋방 보증금도 없었다. 어떻게든 이곳에서 버텨야 했다. 굴욕을 당하면서도 말이다. 눈물을 뚝뚝 흘리며 이 말을 하는 정리해고자의 아내의 얼굴에는 천둥 번개와 함께 장맛비와 같은 눈물이 쉴 새 없이 흘렀다. 이렇게 한솥밥을 먹던 이웃들은 이제 길이 나눠졌다. 희망퇴직서를 쓰고 나간 조합원의 아내를 엘리베이터에서 만나면 어색한 침묵이 이어졌다. 아이들은 여전히 같이 학교에 다니건만 누군가의 집 현관에는 '불법 점거'라는 딱지가 나붙었다.

사실 해고보다 퇴거명령서 받고 더 많이 울었어요. 사람이 갈 곳이 없다는 건 정말 크더라고요. 먹는 거는 애기만 먹어도 되고, 우리는 대충 끼니만 때우면 되는데, 이 집을 나간다 생각하니 앞이 캄캄해지더라고요. 무서웠어요. 340만 원으로 갈 수 있는 곳이 없으니깐. 전셋집이라도 있는 사람이 진짜 부러웠어요. / 도경정

홍미애는 두 딸이 다니는 학교 앞 문방구에서 오후 1시부터 4시까지 3시간씩 일을 했다. 시급 4,500원, 하루 3시간을 꼬박 서 있으면 1만 3,500원을 받는다. 아이들은 학교를 마치자마자 문방구로 엄마를 보러 달려왔다. 아르바이트가 끝나면 홍미애는 아이들과 영도로 부랴부랴 달려갔다.

이거라도 많은 보탬이 되죠. 예전에는 아이들 간식을 사줄 수 없었는데, 지금은 반찬값이랑 (공납금) 고지서, 애들 간식 정도를 사줄 수 있는 여유가 생겼어요. 그동안 실업급여로 버텨왔는데, 앞으로는 더 힘들어지겠죠. 가대위도 해야 하고 직장도 가야 하고, 그러자니 가대위 활동이 힘들어지고 그래서 걱정이죠. 요즘

에 가대위는 저녁집회 가는 거 빼고는 대부분 조를 짜서 움직이고 있어요.[8] / 홍미애

TV에 나오는 뉴스는 믿을 수 없었다. 그래서 트위터를 하자고 했다. 가대위 사람들끼리 스마트폰을 샀다. 함께 가입하면 10만 원 준다는 소리에 네 명이 모여 신청하러 가기도 했다.

"그 돈으로 고기 사 먹었죠. 우리 힘드니깐 좋은 거 먹자고 해서 고기 사 먹었어요."

"전국에 가대위들 다 모이잖아요. 한진 가대위가 제일 잘 먹고 까불까불해요."

새댁들의 열성적인 활동은 현장 분위기를 바꿔놓았다. 조선소 앞에는 아이들의 뛰어노는 소리가 들리기 시작했다. 한진 노동자들을 응원해주러 온 분들께 고맙단 말을 잊지 않고 하는 일도 가대위의 몫이다. 노동자에게 차가운 언론을 대신해 직접 통신원이 되어 트위터 활동에도 열심이었다.

우리 도와주러 온 분인데, 물 한 잔이라도 대접해드려야 되는 것 같았어요. 오시는 분들 꾸벅꾸벅 졸면서 얘기 들어드리고 팔로우도 맺고 꼬박꼬박 인사드리고. 트친분들이 애기 옷도 많이 보내줘서 그거 타다 입히기도 했어요. 뭐라 하죠? 노동계나 이런

---

8) 우용해, 〈미디어충청〉, "한진중, 가족대책위 엄마 '조 회장 내려오시라'".

데서 형식적인 연대 말고 실질적인 연대였어요. 정말로 자기가 줄 수 있는 거 주고, 받을 수 있는 건 받고. 저도 많이 배웠어요. 사람 마음에 힘을 줄 수 있다는 거요. / 도경정

  이즈음 조선소에 새로운 친구가 들어왔다. 신성훈이 구포 시장에서 작은 강아지 두 마리를 사온 것이다. 조합원들은 '투쟁'과 '연대'라는 이름을 붙여줬다. 풀 한 포기 자라지 않는 크레인 위, 새도 쉬었다 가지 않는 35미터 상공에 강아지 두 마리를 올려 보냈다. 100일 만에 피가 흐르고 움직이는 생명체가 김진숙 앞에 나타났다. 김진숙은 발을 만지고 냄새를 맡아보기도 했다. 강아지의 건강을 위해 하루 만에 도로 내려 보냈지만 김진숙은 큰 위로를 받았다. 트위터에서도 많은 사람들이 기뻐했다. "강아지 투쟁 1일차"라는 김진숙의 트윗에 수많은 답글이 달렸다. 크레인에 작은 텃밭을 일궈 치커리, 상추, 방울토마토와 같은 채소를 키우던 그곳에 이제 소리를 내는 친구가 올라왔다. 사방 천지가 쇳덩이뿐인 그곳에도 생명이 새록새록 숨을 쉬며 자라나고 있었다. 희망이라는 생명. 김진숙은 한 줌의 흙에서 자라는 채소를 보며 마음 아팠을 거다. '주익 씨'에게 한 줌의 흙을 올려주고, 자그마한 씨앗을 올려주고, 강아지를 올려주었다면 어땠을까? 2003년으로 시간을 되돌릴 수 있다면······. 사무치는 시간들에 영도의 바다 냄새가 짙게 묻어 35미터 상공을 회오리친다. 신성훈이 강아지를 사온 까닭도 다르지 않았을 거다. 살아 있는 사

람은 숨 쉬는 무엇인가가 곁에 있어야 살 수 있기 때문이다. 홀로 숨 쉬며 살 수 있는 것은 없다. 피도 눈물도 숨도 없는 자본은 본래 인간살이에는 어울리지 않는 것이었는지 모른다. 그 자본이 김진숙을 쇳덩이 위로 끌어올렸지만 그곳에 식물과 동물, 그리고 흙의 마음까지 모아 김진숙은 희망이라는 꽃을 피우고 있었다.

원래 저게 식용인데 똑똑하더라고. 검은색만 보면 짖는다. 우리가 용역한테 맞는 걸 봤는지 검은색만 보면 짖어. 연대도 고생이 많았어. 어릴 때부터 투쟁하는 데 따라다니고. / 이용대

2011년 5월 6일

5월이 와도 85호 크레인은 여전히 위태로웠다. 노동자들의 분노는 깊었고 그 방향은 분명했다. 노조는 정리해고와 해고회피 노력의 불법성을 증명하기 위해 부산지방노동위원회(지노위)에 부당해고 및 부당노동행위구제신청을 했다. 가족들은 김해 사원 아파트에서 피켓을 만들어 갔다. "부당해고다. 그러니 철회하라. 우리의 목소리를 듣고 공정하게 판결하라." 피켓을 목에 걸고 법원 현관 앞에 섰다. 초조하게 판정을 기다렸다.

2011년 5월 6일, 공익위원 5명은 전체회의를 열어 만장일치로 구제신청을 기각했다. 4시간 동안 회의를 벌인 지노위는 "2년간 수주를 하지 못하는 긴박한 경영상의 이유가 인정된다"고 했다. "회사가 희망퇴직을 받는 등 해고회피를 위해 노력했고, 해고절

차상에 하자가 없다"고도 했다. 노동자들도 가족들도 울분이 가슴 깊숙한 곳에서 치밀어 올랐다.

가족들은 조합원들과 함께 지노위 위원장 면담을 요구했다. 뭔가 잘못된 것 같았다. 해도 해도 너무한다는 생각도 들었다. 하지만 노동청은 1층 현관문을 걸어 잠갔다. 가족들의 외침은 허공에 흩어졌다. 다시 중앙노동위원회(중노위) 판결에 기대를 걸었으나, 11월 4일 "해고 절차 등에 하자가 없다"며 구제신청 재심사건도 기각당했다.

지금까지 지노위의 판결이 중노위에서 번복된 경우를 못 봤어요. 공익위원 3인이 판결하지만, 우리 입장에서는 회사 측이 2명이고 노조 측이 1명이에요. 그래서 공익위원 변경신청을 냈어요. 이틀 동안 정리해고 사태와 관련한 방대한 자료를 검토하는 건 불가능한 일이기에 연기를 요청한 거죠. 그런데 거부되고 원래대로 진행됐죠. / 김병철

이후 지노위의 불공정성이 도마 위에 오른다. 지노위는 노동자의 권리구제 기능을 목적으로 하지만 2006년 노동위원회법 개악으로 사용자의 징계, 해고 등을 확인 사살하는 역할에 그치고 있었다.

한진에 다니면서 수도 없이 지방노동청을 방문했어요. 혹시나

하는 마음이 들지만 그때마다 좌절감만 안고 돌아갔었습니다. 그래도 여기밖에 매달릴 데가 없어요. 안 될 거라는 거 알면서 어쩔 수가 없습니다. / 차해도

지노위 판결에 내심 기대했던 가족들의 눈이 붉어졌다. 싸우지 않고 얻을 수 있는 것은 없었다. 남편과 가정을 지키기 위해서 가대위는 더욱 열정적으로 거리로 뛰쳐나갔다. 봄날은 가고 여름이 슬며시 다가오고 있었다. 아스팔트도 한낮에는 달궈지기 시작했다. 멀리서 희망이라는 단어가 밀려온다는 소식이 가족들의 마음을 식혀주었다.

제2부

다시 올게요 _1차 희망버스

2011년 6월 10일

전국에서 100대의 버스가 온다고 했다. 희망버스라는 이름으로 외로이 있는 김진숙을 만나고 크레인 주위에서 밤새 놀 거란다. 전날 회사는 영도조선소 문을 모두 막겠다는 방침을 내렸다. "직장폐쇄된 공장에 외부세력을 들여보낼 수 없다"는 이유였다. 조합원들의 마음도 바빠졌다. 언제 들이닥칠지 모르는 용역 때문이었다. 꿉꿉한 비가 하루 종일 조합원들의 등줄기에 내렸다.

회사는 20억 원을 주고 사설 용역업체와 계약을 맺었다. 이 금액은 해고노동자 60명의 연봉과 맞먹는 금액이다.

14:30

서문에 이어 동문까지 용역들이 밀고 들어왔다. 커다란 덩치의 새카만 용역들과 직원 500여 명이 조선소 동문을 막기 시작했다. 농성장에 남아 있던 조합원 100명의 힘으로는 용역을 막기에 역

부족이었다. 노동자들의 이마에선 어느새 핏방울이 흐르기 시작했다. 서문부터 박살이 났다. 용역이 던진 소화기에 맞아 노동자 7명이 병원에 실려 갔다. 트위터로 상황을 보던 홍미애는 신랑 박태준에게 전화를 걸었다.

(남편이) 양문 다 털리고 정문만 남았다고 그래요. 정문이 언제 털릴 줄 모른다고요. 전화받고 너무 걱정돼 영도로 바로 달려갔죠. / 홍미애

18:00

이제 용역들은 정문까지 막아서려고 했다. "정리해고 철회, 불법 용역 물러가라!" 조합원들은 구호를 외치며 정문으로 이동하기 시작했다. 현장에선 둔탁한 쇠파이프 긁는 소리가 울렸고 볼트와 너트가 수북이 쌓였다. 긴박하게 움직이는 용역들 무리에서 욕설이 튀어나왔다. 밖에서 까치발로 상황을 지켜보는 가족들의 마음은 타들어 갔다. 맨 앞줄에 있는 용역이 소리쳤다. "방패 앞으로 방패! 빨리, 개새끼들아." 조합원들은 어깨를 걸고 구호를 외쳤다.

"회사는 즉각 용역을 빼라!"

"우리는 더 이상 물리적인 충돌을 원하지 않는다!"

"평화적인 농성을 보장하라!"

"합법적인 파업을 보장하라!"

"해고는 살인이다!"

"정리해고 분쇄하자!"

"발사" 기합 소리와 함께 "와~"하며 정문 밖에서 밀고 들어오는 용역과 부딪쳤다. 소화기가 노동자들을 향해 마구 뿌려져 사위가 흐려졌다. 그 틈을 타서 용역들이 들어왔다. 정문 밖에서는 30~40명의 사무직 직원들이 노란 안전모를 쓰고 지켜보고 있었다. 도장반에서 일하는 여성노동자 문숙은 대오 뒤에서 공포에 떨었다.

새시 하나 사이에 두고 용역이 앞에 있고, 막 싸우는데, 진짜 이게 막 문이 찌그러지면서 우리가 뒤로 밀렸어요. 경찰은 나중에야 오고. 용역들이 막 파이프 던지고 하는데, 까무러칠 정도였어요. 하이바 안 쓰면 바로 맞겠더라고요. 뒤에서 멀찌감치 봤는데도 정말 피 터지게 싸웠어요. / 문숙

20:40

회사와 노조는 "오늘은 그만하고 충돌하지 말자"며 협상을 했다. 그제야 용역이 철수했다. 격렬한 몸싸움 때문에 정문을 받치던 철 지지대가 구부러져 내려앉았고, 문짝은 깊이 팬 물웅덩이에 걸려 자꾸만 삐꺼덕거렸다. 이를 직원 여섯 명이 달라붙어 억지로 끌어올려 겨우 정문을 잠갔다.

하루 종일 용역과 대치했던 조합원들은 내부 정리 집회를 가졌다. 100명가량의 조합원들이 비에 젖은 우비를 그대로 입고 바

닥에 주저앉아 수건으로 얼굴과 등을 닦았다. 물에 젖은 몸은 쇳덩이보다 무거웠다.

금속노조 부산양산지부 조직부장인 정홍형이 앞에 나섰다. "복지관과 생활관, 85호 크레인 통로를 우리가 확보해야 한다는 것에 대해서 동지 여러분 스스로, 자발적으로, 몸으로 보여주셨습니다. 그리고 내일 이 자리에 함께하고자 하는 동지들과 어떻게든 만나야 합니다. 그래서 우리 투쟁을 더욱더 전국화시켜야 한다고 생각합니다."

내일은 더 많은 용역들이 올 거라고 했다. 노조 간부들은 술을 과하게 먹어선 안 된다고 노동자들에게 당부했으나, 모두들 쉽사리 잠들지 못했다.

회사는 11일 오후 3시부터 정문을 봉쇄하겠다고 통보했다.

2011년 6월 11일 08:00

희망버스가 오기로 한 6월 11일. 전날 사측의 통보와 달리 오전 8시부터 생활관과 복지관 앞에 용역들이 배치되기 시작했다. 정문에는 컨테이너 위에 컨테이너 하나를 더 얹는 방식으로 커다란 장벽이 세워졌다.

용역들한테 실컷 두들겨 맞았을 남편 걱정에 가대위가 모이기 시작했다. 김해 사원아파트에서 희망버스 참가자들에게 선보일 공연 연습을 하는 와중에 아빠들이 많이 다쳤다는 연락을 받고 달려왔다.

제가 갔을 때는 이미 한진에서 정문 봉쇄를 한 거예요. 컨테이너 2층짜리를 해가지고. 우리는 정문 바로 앞에 돗자리를 깔고 앉았죠. 햇볕이 내리쬤어요. / 도경정

전날 비가 온 탓인지 여름의 초입이었지만 후덥지근해 가만히 앉아 있어도 땀이 흘렀다. 강렬한 오후의 태양을 피하는 유일한 방법은 우산뿐이었다. 생활관에서 옴짝달싹도 못하고 있을 남편을 지키고 싶었다. 자꾸 젖을 달라는 아기를 굶길 수 없었다. 길바닥에서 우산으로 가린 채 가슴을 드러내고 젖을 먹였다. 매번 왕래하면서 인사했던 경비 아저씨는 물 좀 달라는데도 모른 척했다.

13:00

50명의 용역들이 정문을 겹겹이 에워쌌다.

14:00

이 소식을 들은 부산지역의 노동자들이 모여 규탄집회를 가졌다.

한편 서울에서 약사로 일하는 박정희는 대한문 앞에서 서울발 희망버스에 올라탔다. 희망버스 소식을 듣게 된 건 트위터에서였다.

희망버스가 간다고 해서 카페에 들어가 보니, '○○ 한 명이요'

이렇게 개인 이름으로 한줄 댓글을 달아 신청하더라고요. 보통 집중판이 있다고 하면 단체별로 인원을 모아서 버스를 예약하던데, 신기했죠. 이렇게 한 명 두 명 신청해서 도대체 몇 명이 갈 지 걱정도 되고. 어떤 사람은 자기는 못 가니깐 참가비 대신 내주고 다른 사람이 타라고 그렇게 글을 올리더라고요. 그런 개인들이 모인 희망버스는 어떤 모습일까? 그게 너무 궁금했어요. / 박정희

"사람이 우선이다"라고 쓰여 있는 꽃분홍색 손수건을 목에 걸고, 고깔모자를 나눠 쓰고 버스에 올랐다. 그렇게 출발했다.

22:00

경찰은 "심야시간에 단체 거리행진은 위법사항"이라며 "위법행위 시 사법 처리하겠다"고 방송했다.

23:00

전국에서 1,000명에 달하는 시민들이 부산대교 앞에 모이기 시작했다. 버스에서 내리는 걸음들이 힘찼다. 북과 꽹과리도 함께 내렸다. "우리가 희망"이라며 촛불을 밝히고 거리로 나섰다. 백기완 선생과 문정현 신부가 앞장섰다. 경찰은 대오를 막아섰다.

"할아버지 나가게 비켜!"

흰 두루마기를 입은 백기완 선생이 소리쳤다. 경찰은 20여 분

남짓 실랑이 끝에 비켜섰다. 전국에서 달려온 참가자들이 85호 크레인으로 빠르게 걷기 시작했다. 김진숙이 올라간 지 157일째 되던 날이었다.

차용택은 자발적으로 모인 수많은 촛불들 중 하나였다. 진주에서 학생들을 가르치는 그는 8년 전 김주익의 장례식을 기억했다.

시간이 지나고 나니, 우리가 게을러서인지, 85호 크레인에 또 한 분의 여성노동자가 올라가 있어요. 그대로 뒀다가는 옛날처럼 또 죽음을 맞이할지 모른다는 절박한 심정으로 여기 오게 됐어요. / 차용택

행렬은 그 끝이 보이지 않았다. 먼저 도착해 있던 희망버스 부산 참가자들과 노동자들은 놀라움을 토해냈다.

진압을 당하고 투쟁을 했지만 이런 희망버스 같은 게 없었잖아요. 김진숙 지도위원이 참 대단한 사람이다. 그 한 사람으로 희망버스가 오고. 한 아홉 대, 열 대 오는갑다 생각했는데, 이래 많이 오는 줄 몰랐어요. / 정태훈

1,000명의 대오 옆에서 경찰 방송차는 행진중단 방송을 계속했다.

"여러분은 지금 신고되지 않은 야간, 불법 행진을 하고 있습니다. 자진 해산하여 속히 귀가하여 주십시오."

2011년 6월 12일

01:00

한진중공업이 눈앞이다. 85호 크레인이 성큼성큼 다가올수록 참가자들의 숨은 더욱 가빠졌다. 새벽 1시가 훌쩍 넘은 시각, 참가자들을 제일 먼저 맞이한 건 가대위였다. 엄마와 아이들이 "당신을 통해 희망을 봅니다"라는 피켓을 들었다. 돗자리를 깔고 자리를 지킨 지 꼬박 하루다.

그때 아빠를 지켜야 된다는 것도 있었고, 희망버스도 오는데 (희망버스 참가자가) 앉을 자리가 있어야 한다는 생각이었어요. 회사 앞에 적어도 1차선은 우리가 앉아 있어야 된다고 생각했어요. 그만큼 많이 못 올 거라고 예상했고요. 회사에서는 자꾸 아줌마들 여기 있으면 안 된다, 돗자리 걷으라고 치졸하게 굴었어요. 멀리서 촛불행진이 다가오는데, 모두 울고 말았죠. / 홍미애

01:30

참가자들은 김진숙과 공장 안에 갇혀 있는 노동자들을 만나야 했다. 이미 회사는 공장 안으로 들어갈 수 있는 모든 문을 봉쇄했다. 정문 앞은 전날보다 많은 700명의 용역들이 겹겹이 에워싸고 있었다. 답답했다. 어디에도 들어갈 수 있는 문이 보이지

않았다. 새벽 1시 30분께 신관 옆 담벼락에서 고함 소리가 들렸다. 환호성도 이어졌다. 촬영 중이던 수십 대의 카메라가 담벼락을 향해 달려갔다. 순식간이었다. 정문을 지나 신호등 앞에서 유턴을 해 집회장으로 오던 참가자들이 갑자기 조선소 담장을 향해 뛰기 시작했다.

공장 담벼락 위에선 긴 사다리가 내려오고 있었다. 일사불란하게 척척 사다리가 내려왔고 시민들은 발에 감기듯 올라갔다. 조선소 담장을 거침없이 넘었다. 담벼락 위에서 사다리를 내리는 사람이 용역인지 조합원인지 분간할 수 없어 주춤하는 시민들도 있었다.

갑자기 담 위에 따닥따닥 새카만 게 붙는데 그전까지 조합원들 얼굴도 못 보고 작업복도 한 번 못 봤으니까. 얼굴 다 가리고 담에 붙은 사람들이 채증하는 경찰인지 용역인지 조합원인지 진짜 분간이 안 되는 거예요. 그래서 이 상황에서 어떻게 해야 되나. 그래서 올라가야 하나 말아야 하나 싶었어요. / 박정희

뒤늦게 달려온 경찰들은 사다리를 타고 올라가는 참가자의 바지를 끌어내렸다. 사다리가 무너지고 사람이 깔렸다. 아수라장이었다. 용역들이 합세했고, 전경들이 에워싸고, 경찰들이 채증을 했다. 용역이 쓴 노란 안전모, 경찰들의 검정색 제복과 빨간 모자, 시민들의 형형색색 옷차림이 수십 대의 카메라 셔터 섬광

에 반짝였다. 마치 더운 여름 밤 반짝이며 터지는 폭죽 같았다.

사다리를 담벼락 아래로 내리겠다는 계획은 철저히 비밀로 진행됐다. 조합원들은 사다리 선별부터 위치까지 2인 1조로 정해 희망버스가 도착하자마자 담벼락으로 뛰었다. 모든 계획이 준비된 상태에서 일사불란하게 진행되었다.

처음 사다리를 내리자는 아이디어를 낸 사람은 고창우(가명)였다.

맨 처음에는 크레인 옆에 벽을 뚫으려고 했었어요. 그런데 빨리 뚫을 수가 없으니깐 안 되고. 크레인 주위에 보니깐 담벼락 높이랑 고만고만한 사다리들이 산더미처럼 쌓여 있더라고요. 우연찮게 벽에다 대니까 키도 어지간히 맞아 떨어지고. 그래가지고 조를 짜자고 제안을 했죠. 사다리 조는 사다리 조, 바람 잡는 조는 바람 잡는 조. 그때 용역이 정문에 있었기 때문에 용역의 눈길을 끄는 조도 있었죠. 밖에서 마이크로 집회 크게 하는 것처럼 떠들어대며 그렇게 박자가 맞아떨어졌죠. / 고창우

01:40

사다리를 타고 안으로 들어간 사람들이 경비실 문을 열었다. 그 문으로 공장 안에 들어온 참가자들이 함성을 질렀다. 정문에서 소화기를 뿌려대던 용역들이 멀찌감치 물러났다. 정문 위로 박창수 열사의 아버지, 백기완 선생, 문정현 신부가 올랐다. 한진중공업 노동자들이 숨죽이고 있던 공장에 시민들의 힘으로 생

기를 불어넣는 순간이었다. 영도조선소는 157일 만에 사람 목소리를 되찾았다. 모처럼 웃음소리가 터져 나왔다. 서로의 얼굴을 보며 가슴 가득히 뿌듯함에 젖었다.

이런 감동이 얼마 만인가. 1987년 노동자 대투쟁 이후 담장을 넘는 일은 일상이었다. 노동자 집회가 열릴 장소에는 어김없이 경찰들에 의해 '원천봉쇄'가 되었고, 그 봉쇄를 뚫는 행위 자체가 집회고 시위였다. 집회가 열리기 전 참가자들은 경찰 벽을 뚫으며 감동의 도가니에 휩싸였다. 물론 연행과 부상을 각오한 실천이었다. 그런데 언제부턴가 이런 모습은 사라졌다. 봉쇄 이야기가 나오면 어떻게든 경찰청과 협상해 안정적인 장소에 연연했다. 집회의 감동도 반감됐다.

희망버스는 조직된 대오가 움직이지 않았다. 함께하겠다는 자발성에 기초했다. 자신의 돈과 시간을 들여 참여했다. 장소에도 연연하지 않았다. 가고픈 장소를 막으면 담을 뛰어넘고, 산길을 수 시간씩 에둘러서라도 갔다. 희망버스를 마치 집회와 시위의 새로운 방식처럼 말하기도 하지만 결코 새롭지 않다. 잠시 잊고 지냈을 뿐이다. 잊혔던 '마음'을 모으니 두툼하게 여겨졌던 벽이, 도저히 넘을 수 없을 것처럼 보이던 담장이 무너진 거다. 감동은 뛰어난 연설에서 나오는 게 아니었다. 한 집회를 준비하는 사람이 소수의 간부인가, 아니면 다수의 참가자인가에 달려 있다. 그리고 그들 모두가 한 몸이 되어 싸우는 몸짓에 있다. 쇠파이프를 들지 않아도, 화염병이 없어도 마음이 모이면 누구도 깔

볼 수 없는, 무섭게 밀려드는 파도가 될 수 있음을 희망버스에서 확인할 수 있었다.

02:00

그렇게 시민들이 조합원의 손을 잡고 조선소 안으로 무사히 들어갔다. 고공에서 불빛 하나가 빙글빙글 돌았다. 참가자들이 일제히 김진숙을 불렀다. 손전등 불빛이 반짝였다.

"김진숙 지도님. 반갑습니다."

공장에 들어선 시민들은 85호 크레인에 가닿기를 바라며 고래고래 함성을 질렀다. 김진숙은 난간 밖으로 몸을 내밀며 환하게 웃었다.

85호 크레인 밑에 갔는데 어떤 불빛이 움직였어요. 김 지도님이 흔드는 손전등인지도 몰랐어요. 사람은 안 보이는데 눈물은 쏟아지고, 마냥 하늘을 보고 손을 흔들었어요. 그때 김 지도님이 난간 밖으로 딱 얼굴을 내밀었는데 어쩌면 이 사람 살릴 수도 있겠다는 생각이 들었어요. 내가 얼굴을 한 번이라도 봤으니깐. 그것도 웃는 얼굴을요. 이 사람한테 문제가 생기면 정말 내 책임이겠다는 그런 생각도 들었어요. / 박정희

크레인 아래 간이로 마련된 주방에서 수백 명 분량의 어묵탕이 끓었다. 희망버스를 기다리며 조합원들이 직접 부산어묵을 샀

다. 국물 맛을 내기 위한 멸치와 다시마도 몇 시간 전부터 팔팔 끓으며 대기 중이었다. 잘 우려낸 국물 속에 어묵을 집어넣는 노동자의 무쇠 손이 공장에서 망치질을 하듯 날렵하다. 2층 컨테이너 위에 앉아 담배 한 모금을 태우던 최정태의 눈에도 형님들 손에서 익고 있는 어묵탕이 들어왔다. 송아지 눈만큼이나 커 보이는 그의 눈에 눈물이 그렁그렁 맺혔다.

희망버스가 온다고 하니까, 일반인들이고 해서 크게 제재를 하지 않을 것이라 생각했는데, 설마 이렇게까지 회사에서 저지할 줄은 몰랐어요. 투쟁한 지 6개월이 지났는데, 이렇게 설레고 힘이 난 건 처음입니다. 물론 우리 나름대로 언론전을 펴고 선전전을 해도 아무런 성과를 못 봤다고 해도 과언은 아닌데, 오늘 같은 날은 정말 힘이 나죠. / 최정태

최정태는 정리해고자가 아니다. 작업복에 소금꽃을 피우며 함께 일했던 동료들이 관리자의 펜대에 산 자와 죽은 자로 갈리는 현실에 분노했다. 산 자의 책임을 생각했고, 그 역할을 하였다. 명단이 발표되기 전, 동료들과 함께했던 다짐인 '함께 살기'를 할 뿐이었다. 전날 용역이 투입된 현장에도 최정태는 남아 있었다. 그는 담배 한 모금을 깊이 들이마셨다.

조합원 대오가 1,000명은 있어야 하는데 많아야 200명이라

서 서글퍼요. 뉴스에서 많이 다쳤다고 하니까 가족들이 걱정을 많이 합니다. 집에 가 있어보면 또 답답해서 못 있어요. 차라리 들어와서 현장에 있는 게 더 맘이 편합니다. 여기 있는 게 편해요. / 최정태

85호 크레인 위에서 김진숙의 목소리가 들려왔다. 또렷하고 힘 있는 목소리였다. 157일 동안 하루도 빠짐없이 계단을 내려가는 연습을 했다. 반드시 살아서 내려가겠다는 다짐이었다.

살다 보니까 이런 날이 오긴 오는군요. 우리 노동자들에게 이런 해방감이 얼마 만입니까. 8년 전, 김주익이 한 달 넘게 봉쇄된 공장이 마침내 뚫려 사람들이 이 85호 크레인 밑에 모이던 날. 그 소 같은 사람이 울었습니다. 그랬던 사람을 우리는 끝내 못 지켰습니다. 저녁이면 땀 냄새 풍기며 집에 돌아가 새끼들 끼고 저녁 먹고, 여러분들이 오늘까지 누려왔던 그 소박한 일상들을 지켜내고 싶은 것뿐입니다. 날라리들에게 배웠던 인사 그대로 마무리하겠습니다. 웃으면서, 끝까지, 함께, 투쟁! / 김진숙

03:00

생활관이 북적이기 시작했다. 배가 한창 만들어질 때는 노동자의 땀에 젖은 옷들과 비릿한 냄새가 가득하던 곳이다. 라커 룸 뒤

편의 텅 빈 샤워장을 참가자들이 가득 메웠다. 누가 사용했을지 모를 일회용 샴푸나 린스, 세면도구를 갖다 쓰기도 했다.

04:00

걸어서 20분 거리를 2시간 만에 도착한 시민들은 이내 곯아 떨어졌다. 간이침대도 이불도 없는 공간이었지만 누구 한 명 불평하는 사람이 없다. 맨바닥에 돗자리를 펴거나 등산용 엉덩이 패드를 여러 장 깔아 이부자리를 마련했다. 엄마 아빠 손을 잡고 온 어린아이들은 아빠 품에 안겨 금방 잠들었다. 난리법석이던 공장 안이 조용해졌다. 이 순간만큼은 용역들도, 경찰들도, 노동자들도, 날라리들도, 참가자들도, 85호 크레인 위의 김진숙도 안도의 숨을 내쉬었다.

05:00

공장 안이 다시 부산스러워졌다. 정문이 막혀 거리에서 밤을 지새운 가대위가 공장 안으로 들어온 것이다. 정동영 의원도 함께 들어왔다.

"가대위 왔다."

파업한 지 6개월이 넘었다. 그동안 가족들은 남편 얼굴을 제대로 볼 수 없었다. 아이들이 아빠를 찾곤 했다. 회사에 일이 많아서 밤늦게 들어왔다 일찍 나갔다고 둘러댔다. 남편이 없는 잠자리에서 하루도 편안하게 자본 적이 없었다. 남편이 있는 조선소 안으로 들어가는 내내 그간의 시간이 머리에 스쳤다. 아내들의 맨얼굴에 눈물이 주르륵 흘렀다.

"우리 신랑 어디 갔노?"

한 손에는 여전히 '당신을 통해 희망을 봅니다' 피켓을 들고 다른 한 손으로는 흐르는 눈물을 훔쳤다.

참가자들의 함성이 터졌다. 잠깐 눈을 붙이고 나온 참가자들의 머리가 주뼛 서 있었다. 누웠던 방향 그대로 길이 생겼다. 두 눈은 빨갛다. 그래도 박수를 쳤다. 트로트 음악에 맞춰 순식간에 춤판이 벌어졌다.

09:00

날이 밝았다. 크레인이 바로 올려다보이는 길목에 참가자들이 자리를 잡았다. 가대위의 공연도 준비돼 있었다. 박은경이 장기간 파업 중인 남편에게 편지를 써왔다. 남들 앞에 서기 민망해 많이 망설였지만 용기를 냈다. 부들부들 떨리는 목소리로 편지를 읽기 시작했다.

> 사랑하는 지원아빠 성주 씨에게
>
> 자기야 내가 이렇게 편지를 써서 놀랬지. 가대위에서 남편한테 편지를 쓰라는 권유가 있었어. 솔직히 난 이런 거 잘 못해서 거절하려고 했는데 이번 기회에 내 마음 전하고 싶어서 이렇게 용기를 내었어.

벌써 우리 지원이가 태어난 지 16개월이 되었네. 16개월 동안 우리 지원이가 아빠랑 지낸 시간이 채 한 달도 안 되는 것 같아 마음이 너무 아파. 출산하고 산후풍이 걸려서 함께 못 하고 산후풍이 다 나아서 이젠 함께할 수 있다고 좋아했었는데, 또다시 우리는 이별을 하게 되었지.

지원이가 첫발을 딛던 순간에도, '아빠' 하고 처음 말하던 그 순간에도 그 자리에 당신은 항상 없었지. 당신이 지원이를 너무 보고 싶어서 회사에 들어왔을 때 지원이는 아빠가 너무 낯설어서 울기만 했잖아. 그때마다 가슴 아파하는 자기를 보면서 정말 내 마음은 찢어지는 것 같았어.

이젠 더 이상 지원이 곁엔 나 혼자가 아니라 당신과 함께하고 싶어. 이 싸움이 빨리 끝나서 우리 가족 모두 매일매일 얼굴 보면서 평범하게 살았으면 좋겠어. 우리 꼭 승리해서 오늘이 좋은 추억될 수 있도록 하자! 여보 힘내. 그리고 사랑해.

아스팔트 위로 눈물이 떨어졌다. 앉아 있던 참가자들 모두가 목 놓아 울었다. 선글라스 아래로 눈물이 마구 흐르는 걸 감출 수가 없었는지 수건으로 연신 닦아내는 사내도 있다. 크레인 위의 김진숙도 눈물을 흘렸다. 무대 바로 뒤에 '하늘에서는 김주익 열사가, 땅에서는 곽재규 열사가 지켜보고 있다'라고 쓰여 있는 현수막이 펄럭였다.

가대위를 대표해 도경정이 인사말을 했다.

"길어지면 길어질수록 우리끼리만의 투쟁이 되지 않을까, 인터넷 검색에도 한 줄 나오지 않는 한진중공업 모습을 보면서, 정말 이렇게 투쟁하다가 우리끼리 말라죽겠구나. 크레인에 계신 지도위원님은 정말 마음이 바짝바짝 말라서 죽겠구나. 정말 무서웠어요. 그래서 사원아파트에서 엄마들이랑 눈물로 하루하루를 보냈는데요. 다시 한 번 투쟁할 수 있게끔 해주는 것 같아서 희망을 볼 수 있었어요."

11:00

희망버스가 돌아갈 시간이 되었다. 참가자들의 눈물방울이 굵어졌다. 100여 명의 조합원들이 85호 크레인에서 동문까지 이어지는 길을 만들었다. 가대위는 고마움을 담아 참가자들 손에 양말 한 켤레씩을 건넸다. 참가자들은 발길이 쉽게 떨어지지 않았다. 희망버스가 가고 난 뒤 텅 빈 조선소에 남을 조합원들에 대한 걱정이 컸다.

차해도는 참가자 한 명 한 명에게 악수를 건넸다.

2003년 동지들이 떠나갈 때 아픔들이 컸어요. 희망버스 참가자들이 빠져나간 뒤에 상당히 긴 시간 여운이 남을 것 같습니다. 노동자들이 안정을 찾기까지 많은 시간이 걸릴 거고요. 다시 이런 기회가 있을까 아쉬움이 많이 남습니다. 힘들 때 와주셔서 가족들과 조합원들에게 큰 힘이 됐습니다. / 차해도

김현숙은 희망버스 참가자들을 붙잡고 싶은 심정이었다.

그때는 (희망버스 참가자들이) 가시고 나면 회사가 아빠들 다 잡아갈 거 같았어요. 또 눈물 난다. 나오면서 진짜 많이 울었어요. 전쟁터에 놔두고 나오는 것도 아니고. 용역들이 애들 아빠 어떻게 할까 봐……. / 김현숙

박태준도 눈물을 흘렸다. 2009년 6월의 모습이 겹쳐졌다. 쌍용자동차에 경찰특공대가 투입되기 직전에 한진중공업 조합원들이 다녀왔었다.

쌍차 동지들이 대놓고 그랬어요. 안 보내고 싶다고. 가지 말라고. 쭉 서가지고 펑펑 울며 손 흔드는데 우리는 버스 타고 내려왔죠. 딱 2년 뒤에 우리가 그대로 당한 거예요. 그대로. 그전에 그렇게 울었던 쌍차 동지들이 있었어요. / 박태준

"미안합니다. 다시 또 올게요."
참가자들은 다음을 기약하고 조선소를 빠져나왔다.

회사는 희망버스가 오기 전인 5월 9일, 조합원과 정리해고자들을 대상으로 법원에 퇴거 및 출입금지 가처분 신청을 했다. 조선소 안에서 6개월째 파업을 벌이고 있는 노동자들을 끌어내 달

라는 것이었고, 이는 받아들여졌다. 행정대집행은 6월 27일로 예정되었다.

약속과 배신

. . . .

2011년 6월 27일 인쇄소에서 일하는 문정임은 여느 날과 다름없이 사무실에 앉아 컴퓨터를 켰다. 김진숙이 크레인에 올라가고 난 뒤, 퇴근 후 날마다 영도를 찾았다. 오전 10시 30분, 인터넷 포털 메인에 '한진중공업 노사협상 타결' 소식이 올라왔다.

기분 좋게 업무를 보던 중 11시경 김진숙 지도가 트윗을 통해 '업무 복귀 선언은 사실이 아니다', '2시에 행정 강제집행이 예상됨'이라는 내용을 긴급하게 알려왔습니다. 알고 보니 지도부 한 쪽의 입장을 전달한 편향적 기사였고 연합뉴스에서 미리 흘린 기사를 다른 언론사들이 부지런히 받아 적고 있었던 겁니다. / 문정임

채길용 집행부는 노조 사무실에서 한 통의 팩스를 언론사로

보냈다. '노조의 파업철회 및 현장복귀' 내용이 담긴 보도자료였다. 조합원들은 보도자료가 보내지는 줄 몰랐다. 300명의 조합원은 생활관 입구에서부터 4층 노조 사무실로 올라가는 계단까지 빽빽하게 앉아 집행부가 나갈 수 있는 통로를 막고 있었다. 27일 오전에 예정된 지회장의 기자회견을 막기 위해서였다. 채길용은 기자회견 대신 사무실에 앉아 팩스 한 통으로 '해고자의 운명'을 끝내버렸다.

26일, 조합원들이 사내 식당에 모였다. 전날 회사와 협상을 벌이고 온 채길용 집행부는 '파업철회와 현장복귀 선언'을 알렸다.

"행정대집행 오면 다 죽는다. 해고자에 가려져 힘들어도 호소할 곳이 없던 다수의 비해고자들이 파업대오에서 빠져나가기 시작했다. 파업대오를 끝까지 지켜준 비해고자 조합원들에게 더 이상의 피해를 줄 수 없다는 미안함이 든다. 이제 모든 조합원들의 아픔을 헤아려야 할 시기가 왔다."

이용대 조합원이 벌떡 일어났다.

"절대 안 된다, 절대로 이 파업을 풀 수 없다."

쉰넷의 노동자 이용대는 채길용 앞에 무릎을 꿇었다. 사내 식당이 순간 조용해졌다. 채길용의 눈썹이 꿈틀했다.

"하지 마라. 내 이래 빌께, 그것만큼은, 현장으로 사람들을 돌려보내지 마라, 이거 다 죽는 거다."

이용대의 애원에 채길용은 발길을 돌려 문을 열고 나갔다.

저녁 6시, 상집간부들이 죽 일렬로 섰다. 채길용은 맨 중앙 의자에 앉았다. 이들은 단체사진을 찍었다. 이용대가 채길용을 마지막으로 본 날이다. 노조 집행부는 '노사협의 이행합의서'에 도장을 찍겠다고 공표했다. 정리해고자 전원에게 희망퇴직 신청을 받겠다고 했다.

"개새끼, 씨발놈아, 니는 친구도 아니다."

이용대는 울분을 토하며 말했다.

집행부는 27일 행정대집행이 들어오는데 막을 방법이 없다고 해명했다.

"개소리 마라. 크레인 위에서 죽으라는 거냐. 위에는 어떻게 되는데. 위에 죽는다! 다 나가버리면. 미친 거 아니냐."

조합원들은 길길이 날뛰었다. 공황상태였다. 허석현도 이 자리에 있었다.

식당에 조합원들 다 모아놓고 회의를 하자 해서 우리는 끝까지 싸우고 싶다고 했어요. 희망버스도 오고 우리에게 좋은 상황이지 않느냐고. 그런데 자기들 집행부끼리 얘기하고 갑자기 들어와서 상집들 다 세우고 회사가 원하는 쪽으로 도장 찍고 하기로 했다고 하더라고요. 지회장이 나가려고 하자 한 조합원이 뛰어들어 지회장의 옷가지를 붙잡았어요. 지회장은 그걸 뿌리치고 자리를 황급히 떠났어요. / 허석현

저녁 7시, 노조 집행부는 농성 조합원들의 회의를 일방적으로 휴회 선언했다.

채길용 집행부는 겁을 먹고 돌아섰다. 그렇다고 물러설 수는 없다. 더 고된 싸움을 해야 했다. 박성호는 짐을 쌌다. 최대한 오래 버틸 수 있도록 옷가지를 챙기고 손전등과 연장을 넣었다. 행정대집행을 막을 수 있는 방법이 노조에는 없었다. 맨몸으로 지켜야 했다. 85호 크레인에 올랐다. 70도 경사의 계단을 올랐다. 크레인 중간에 도착하니 어둠 속에서 신동순이 텐트를 치고 있었다.

계획이 뭐 있소. 그냥 사람이, 그 올라가 있으니깐. 우리가 겪었던 경험이 있잖아요. 주익이 그 올려놓고……. 사람이 가깝게 있는 거랑 없는 거랑 차이가 있거든. 사람을 살리려면 중간에서 항상 감시하고 동태 파악을 해서 대응을 해야 됐기 때문에 올라갔죠. 김 지도를 살리려고 올라갔고. 살리는 길은 정리해고를 박살내는 길뿐이다. 아이면 김진숙 동지가 의지가 약해서 발로 내려오든가. 그 중 하나인데. 그때까지 그럴 기미는 안 보이고. 투쟁에서 이기는 게 살리는 거 같고. 하나는 공권력이 들어와서 사람을 째리 내룰 건데. 그리되면 불상사가 날 수 있잖아요. 만약에 공권력의 그런 행위가 있을 때 바로 올라가서 온몸을 던져서 잡는다. 이런 계획을 가지고 올라간 거지. / 박성호

나머지 조합원들은 채길용의 기자회견을 막는 수밖에 없었다. 크레인 난간과 계단에서 밤이슬을 맞았다. 이틀 뒤인 29일이 국회 청문회였다. 희망버스로 새로운 연대의 기운이 솟구치고, 청문회를 앞둔 회사는 궁지에 몰리는 상황이었다. 그야말로 노동자에게는 절호의 기회가 아닌가. 희망이 있는 한 포기할 수 없었다. 그런데 이 기회를 채길용은 버렸다.

날이 밝았고, 조선소 밖에서는 모든 게 끝났다고 했다. 경찰은 24개 중대 2,000여 명을 영도조선소 주변에 대기시켰다.

13:00

사내 식당에서 채길용과 이재용(한진중공업 대표이사)이 합의문에 서명했다.

'일방적인 정리해고'가 '노사 쌍방의 합의'가 된 순간이었다. 청문회를 앞두고 궁지에 몰릴 대로 몰린 조남호는 채길용을 끌어당겨 위기를 모면하려고 했던 것이다.

이미 갈기갈기 찢기고 새카맣게 타버린 정리해고자의 가슴에 대못을 박는 처사였다. 여기서 주저앉으면 끝이었다. 정리해고자도 김진숙도. 2003년 김주익이 홀로 129일 동안 크레인에서 눈이 빠져라 애타게 그리워하던 '사람'들이 85호 크레인에 희망의 꽃망울을 맺고 돌아간 지 일주일 만에 그 싹을 무참하게 짓밟으려는 조남호의 농락에 힘없이 무릎을 꿇을 수가 없었다.

가족들이 먼저 나섰다. 가대위 20여 명이 조선소 앞에서 집회를 열고 '행정대집행 반대'를 외쳤다. 민주당 정동영, 민주노동당 이정희, 진보신당 조승수 국회의원도 회사 정문 앞에서 공권력 투입을 반대하며 연좌농성을 벌였다. 국회의원들은 강제집행 과정에서 발생할 수 있는 위험 사항에 대한 우려를 전달하기 위해 조선소 안으로 들어가려 했으나 회사 측이 고용한 용역에 가로막혔다.[9]

14:00

예고되었던 법원의 행정대집행이 시작됐다. 이런 날은 피해가는 법이 없다. 정문에 미동도 없이 박혀 있던 큰 돌을 용역들이 들어냈다. 2층짜리 컨테이너도 옮기기 시작했다. 곧이어 대형 크레인 차량들이 속속 정문을 통과했다. 차가 들어오자마자 용역들은 다시 정문을 봉쇄했고 완전무장한 전경들이 조선소 앞을 에워싸기 시작했다. 1,600마리의 바퀴벌레 떼가 바글바글 모이는 것 같았다. 경찰의 검정 헬멧이 햇빛에 반사됐다. 법원 소속 집행관 5명, 법원 측 용역 150명, 회사 측 용역 150명이 조선소 안으로 들어왔다. 조합원들은 85호 크레인에 밧줄로 온몸을 묶었다. 크레인 밑에는 50명이 서로서로 팔짱을 끼고 바닥에 드러누웠다.

---

9) 임지영, 〈시사인〉 197호, "밧줄로 서로를 동여 맨 한진 노동자들", 2011.6.28.

15:00

길 건너편에서는 시민사회단체의 규탄집회가 이어졌다.

"지금 당장 철수해야 합니다. 지금 당장 행정대집행을 철회해야 합니다. 시민이 지켜볼 것입니다. 한진 노동자들과 부산시민이 함께 싸울 것입니다."

'집행'이라고 적힌 조끼를 입은 용역들과 집행관들이 조합원들을 들어내기 위해 크레인 쪽으로 이동했다. 집행관은 계고장을 잠시 읽는 듯하더니 행동을 시작했다. 조합원들은 "강제퇴거 중단하라", "용역들은 물러가라"와 같은 구호를 외치며 온몸에 힘을 주었다. 복지관 문을 잠그고 집행관의 진입을 막았으나 순식간이었다.

용역 네 명이 팔과 다리를 나눠 번쩍 들어올렸다. 조합원은 힘없이 달랑 들어 올려졌다. 서로 팔짱을 끼고 있던 팔들이 하나씩 풀리고, 들것에 실려 나가듯 밖으로 끌려나왔다. 집행 1시간 만에 조합원 70여 명이 회사 밖으로 쫓겨나고 말았다.

정문 밖은 초조했다. 가대위와 시민사회단체, 그리고 트위터를 통해 소식을 접하고 달려온 시민들이 집결해 있었다. 안타까운 절규가 곳곳에서 울려 퍼졌다. 그 순간에도 집행은 계속되었다.

85호 크레인 계단에 몸을 묶고 있는 조합원들이 위태로워 보였다. 서로를 묶고 있던 끈이 툭툭 잘려나갔다. 용역들은 3인 1조로 움직이며 한 명은 줄을 자르고 두 명은 계단 아래로 조합원을 끌어내렸다. 안간힘을 다해 난간을 붙잡고 있는 손이 허옇게 질렸다. 쇠붙이가 자석에서 떼지듯 손이 떨어져 나가면서 계단 위에 있던 30명의 조합원이 질질 끌려 내려갔다. 이를 크레인 중간에 있는 동료들이 지켜봤다. 정문 밖에 있던 아이들도 아빠가 끌려나오는 것을 봤다. 어린 눈망울에 똑똑히 새겨졌다.

공장 밖으로 끌려나온 조합원들은 땅바닥에 드러누워 버렸다. 목이 터져라 울었다. 장대비가 쏟아지듯 눈물이 쏟아져 내렸다. 채길용의 배신과 강제집행에 대한 분노의 눈물이 아니다. 김주익과 나눈 약속, 김진숙과 다진 약속, 동료들과 맺은 약속을 이대로 저버릴 수 없다는 통탄과 다짐의 눈물이었다.

17:00

집행관들과 용역들이 철수했다. 긴 하루가 끝나가는 순간이었다. 공장 안에 110명 남짓의 조합원들이 남았다. 크레인 중간층에는 30명이 자리를 지키고 있었다. 크레인에는 전기가 들어오지 않았다. 물도 허락되지 않았다.

한 치도 다르지 않았다. 쌍용자동차 노동자들이 정리해고에 맞서 77일간 옥쇄파업을 하던 때와 마찬가지였다. 전기를 끊고 물을 끊었다. 물과 전기는 인권인데, 농성 노동자에게는 손톱만큼의 인권조차 주어지지 않았다. 더 이상 조선소 노동자도 아니고, 부산 시민도 아니고, 대한민국 국민도 아니고, 사람도 아니었다. 사람의 몸에 흐르는 뜨거운 피를 서서히 말려 쓰러지게 만들려는 잔인함이 쌍용자동차만이 아니라 한진중공업에도 그대로 드러났다.

20:00

회사는 최소한의 인원만 크레인에 남는다면 전기를 공급해주겠다고 했다. 아무 준비도 없이 올라온 조합원들이 크레인에서 밤을 지새우기란 무리였다. 조합원들은 논의를 거쳐 한 명씩 크레인 아래로 내려보냈다. 그날 밤, 크레인에는 열한 명의 노동자가 사수대로 남았다.

새벽이 되었지만 여전히 캄캄했다. 회사는 약속과 달리 전기를 공급하지 않았다. 늘 이렇다. 노동자는 죽은 자와의 약속도 어길 수 없어 목숨으로 지키려 하건만, 사용자는 산 자와의 약속도 너무 쉽게 배신한다. 낮에 불같이 달아올랐던 크레인이 새벽이 되자 얼음장같이 차가워졌다. 밧줄에 매달려 온 식량으로 허기를 달랬지만 가족들 생각에 몸은 웅크려졌다.

이 모든 순간을 35미터 상공에 매달려 내려다본 김진숙은 그날 밤 잠들 수 없었다. 아무것도 먹을 수 없었다.

용역깡패들을 동원해 가지고 그 노동자들, 조합원들을, 돌멩이 하나 쥐지 않은 노동자들을 무참히 짓밟았어요. 제가 그 광경을 여기서 다 눈 뜨고 봤습니다. 그날부터 잠을 못 자요. 놀랍다기보다는 너무너무 참담해서 자다가도 벌떡 일어납니다. 입 안이 다 헐어서 밥을 제대로 못 먹었어요. / 김진숙

사수대 박태준이 간암 선고를 받고 투병 중인 아버지의 수술 소식을 접한 건 행정대집행 이틀 뒤였다. 그의 아내는 이 사실을 박태준에게 알리지 않았다. 85호 크레인 중간에 있는 남편이 걱정됐기 때문이다. 박태준은 정리해고 문제가 해결되지 않으면 내려오지 않을 작정으로 85호 크레인에 올랐다. 그날 밤, "아버지 수술 잡혀 있는데 올 거냐"라는 친동생의 문자를 받았다. 박태준은 뒤늦게 가슴을 쳤다.

아부지가 간암인데, 그때 상태가 진짜 안 좋으셨거든요. 마지막일지도 모르는데, 상당히 힘들더라고요. 위에 계신 형님들하고 이야기를 했죠. '만약에 이게 마지막이라면 가봐야 되지 않겠나.' 몇몇 형님은 '니가 안 내려갔으면 좋겠다'고 했어요. 형님들은 '그래도 니가 내려가라'고 하셨어요. / 박태준

크레인에 오른 지 이틀 뒤인 29일 밤. 박태준은 크레인을 내려왔다.

실종된 인권

2011년 6월 29일 영도조선소는 안개 속에 잠기는 날이 잦아졌다. 빈 도크와 녹슨 크레인. 한때 땀으로 젖은 지폐 때문에 자주 고장이 나던 음료수 자판기도 멈췄다. 해무가 잠식해버린 85호 크레인 위, 김진숙과 사수대들이 빈 조선소 안을 지키고 있었다.

6월 29일, 국회 환경노동위원회에서 '한진중공업 노사분규 해결방안을 모색하기 위한 청문회'가 열렸다. 조남호는 출석하지 않았다. 해외에 체류 중이라고 했다. 훗날 밝혀졌지만 조남호는 해외에 있지 않고 국내에 있었다. 국회를 무시한 일이었다. 채길용 집행부와 노사합의를 한 상태에서 굳이 나올 이유가 없다는 통보를 해왔다. 한나라당 환경노동위원회 의원들도 보이지 않았다. 반쪽짜리 청문회였다. 청문회 증인으로 사용자 측에서는 조남호와 이재용이 채택되었다. 노동자 측에서는 박유기(금속노조 위원장), 최우영(금속노조 한진중공업지회 사무장)이 증인으로 채택됐다.

최우영이 증인으로 채택된 데 대해, 조합원 등에 칼을 꽂은 집행부를 어떻게 믿느냐며, 조합원들의 반발이 심했다.

우리 뜻대로 안 됐어요. 그때 노동조합 지회장과 사무장이 나올 수밖에 없는 상황이었어요. 우리가 같이 가서 방청을 했고, 최우영 사무장은 그때 어리바리 답변도 제대로 하지 못 하고. 자기가 찔리는 게 있으니깐 제대로 못 하더라고요. 안타까운 부분이 많아요. 우리가 원하는 대로 흘러가지 않더라고요. 모든 게 항상. / 허석현

한국경영자총협회는 청문회를 일주일 앞둔 6월 22일 성명을 발표했다.
"정치권의 이번 결정은 최근 계속되고 있는 정치권 포퓰리즘적 행태의 연장선상에서 이루어지는 것으로, 민간영역에 대한 정치권의 무분별한 개입을 초래하는 선례가 될 것이다. 노조의 입장만을 대변하고 노사문제에 개입하려는 불공정한 행보를 즉각 중단하라. 한진중공업 노사가 자율적으로 상생의 길을 모색할 수 있는 상황에서 정치권의 개입은 사태를 장기화하고, 어렵게 이어가고 있는 회생 노력에 찬물을 끼얹는 결과를 초래할 수 있다."

크레인에 전기 공급이 되지 않아 휴대폰을 제대로 충전할 수 없었다. 김진숙의 트위터를 실시간 기다리고 있던 시민들은 애

달팠다. 희망버스가 다녀간 뒤로 전국 각지에서 사람들이 영도를 찾아왔다. 천주교 신자들은 크레인을 향해 무릎을 꿇고 기도를 올렸다. 하염없이 85호 크레인을 향해 손을 흔드는 사람도 있었다.

박성호의 아들 슬옹이가 크레인을 바라본다. 박성호는 사수대로 크레인 중간층에서 농성 중이었다. "아빠가 자랑스러워! 조심해서 내려오세요." 슬옹이는 손을 내밀면 당장 닿을 듯한 거리에 있는 아버지에게 말했다. 어릴 적 아버지가 뽀뽀를 할라치면 깔끄러워 도망가던 슬옹이. 수염으로 텁수룩하게 뒤덮인 아빠의 얼굴에 자신의 볼을 비비고 싶었다.

2011년 7월 2일

행정대집행의 기억은 조합원들에게 많은 상처를 남겼다. 6개월간 파업을 버텨온 노동자들 가운데 사지가 들려 강제로 끌려나온 야만을 겪고 순순히 희망퇴직서를 적은 이도 있었다. 이도 저도 보기 싫어서일 거다. 채길용 집행부의 배신도 싫고, 함께 약속한 동료들이 갈라지는 것도 싫어서다. 용역들의 폭력을 엄호하는 경찰의 모습에 치를 떨며 대한민국 국민이라는 게 부끄러워서 도망치고 싶었을 게다. 물론 허공에 매달린 김진숙에게 공장 밖으로 끌려나온 순간 아무것도 해줄 수 없다는 죄책감도 있었을 테고.

2009년 쌍용자동차 때도 그랬다. 노동자를 테러 세력처럼 다

루는 경찰의 야만을 겪고 더 이상 쌍용자동차에 다니고 싶지 않다며 희망퇴직서에 엄지손가락을 찍고 공장을 등진 노동자들이 많았다. 그들 가운데 정신병원에 간 이가 있고, 더 이상 나이를 먹지 못하고 멈춘 시간 속에 존재한 이도 있다.

물론 가장 큰 아픔은 한솥밥을 먹던 동료의 배신이다. 잘 알고, 눈에 보이는 상대가 가장 미운 법이다. 그 뒤에 숨어 조종하는 보이지 않는 권력보다 말이다. 가진 것이라고는 몸뚱이밖에 없는 노동자들은 이렇게 상처 입고, 갈라서고, 두들겨 맞는다. 조남호 회장은 꼭꼭 숨어서 이 광경을 즐기고 있었을 거다. 배후는 보이지 않고 노동자들끼리 상처를 받았다. 희망퇴직을 했든, 정리해고 싸움을 하든, 공장에서 일을 하고 있든, 노동자들의 가슴은 날이면 날마다 눈물로 심장이 톡톡 파였다.

채길용 지회장이 회사랑 도장 찍겠다고 식당에서 나가는 순간부터 우리는 공황상태에 빠진 거죠. 그전까지 조합원들 많이 남아있었어요. 식당이 꽉 찼으니깐. 해고자가 아닌데 함께하는 조합원들도 굉장히 많았어요. 하지만 그날부터 사람들이 웅성거리며 빠져나가기 시작했어요. 처음 빠져나갈 때는 힘들지만 그 다음은 쉽죠. 한번 대오에서 빠져나가기 시작하면 금방이거든요. / 허석현

가대위 이수정과 함께 날마다 김진숙의 밥을 끓이던 이정숙은 행정대집행 이후 영도로 가는 발길을 줄였다.

제가 이렇게 말하면 노동자 입장에서 완전 때려죽일 사람인데. 끝이 안 보이니깐, 끝까지 갈 자신이 없었어요. 언제까지 해야 되는지 모르니깐. 한 번씩 왔다 갔다 하고 그러고 있어요. 유언비어인지는 모르겠지만 6월에는, 조금만 더 하면 회사에서 굴복할 거라는 희망적인 얘기가 있었는데. 시간이 지나면서 눈에 보이는 아무런 변화가 없으니까 지치고. 정말 미안하게 생각해요. 힘이 못 돼서. / 이정숙

그렇게 해고자 94명이 남았다. 해고자들은 해고를 당하지 않은 조합원들과 함께 7월 2일 정리해고철회투쟁위원회(정투위)를 꾸렸다. 조선소에서 쫓겨난 뒤에도 해고노동자들은 투쟁을 계속해야 했다. 이제부터 철저히 외롭게 가는 길이었다. 정투위는 크레인 건너편의 신도브랜뉴 아파트 계단에서 회의를 했다.

'해고자 원직복직투쟁위원회'라는 이름이 처음 나왔어요. 그런데 그렇게 되면 비해고 조합원과의 공동행동이 제한적이라는 문제제기가 나왔어요. 그래서 '한진중공업 정리해고철회투쟁위원회'가 제안돼 만장일치로 통과됐죠. / 김병철

행정대집행 때 85호 크레인 중간층에 오른 박성호가 정투위 대표로 선출됐다. 박성호는 해고자 복직투쟁을 하다 세 번 징역을 갔다. 박창수 위원장이 의문의 죽음을 당했을 때 진상규명을 위

해 싸우다가 해고된 박성호는 김주익의 죽음으로 13년 만에 복직했다. 그리고 5년 만에 다시 해고돼 크레인에 올랐다. 비해고자인 차해도도 공동대표를 맡았다. 부대표는 김인수가 선출되었다.

85호 크레인에는 여전히 전기가 들어오지 않았다. 크레인 밑에는 용역 60명이 상주했다. 용역들은 크레인으로 올려 보내는 생수와 생필품을 막았다. 국제인권위원회(AMNESTY)에서 성명을 내고 통신과 생필품, 전기 공급을 촉구했다. 그러나 회사는 묵묵부답이었다. 목이 마르고 어둠이 걷히지 않았다. 박성호가 전화를 들고 밖에 있는 조합원들에게 당부했다.

우리가 해야 할 것은 내부가 분열되지 않고 예전 민주노총을 세울 때처럼 신념을 가지고 조직하는 것입니다. 우리가 신뢰와 희망을 보여주고 굳건히 지켜나가야 합니다. 밖에 있는 동지들은 6개월 동안 투쟁하면서 많이 힘들어하고 있습니다. 이번에 젊은 동지들이 많이 해고됐는데, 이들은 신혼이거나 아이가 나온 지 얼마 안 되는 동지들이 너무나 많습니다. 이들의 삶이 너무나 어려워 걱정이 많이 됩니다. / 박성호

조선소에서 끌려나온 뒤 조합원들은 거리에 나앉았다. 돌아갈 곳이 없었다. 자신들의 청춘이 고스란히 담긴 조선소의 문은 열리지 않았다. 85호 크레인 맞은편 신도브래뉴 상가에서 비어 있는 사무실 한 칸을 내줬다. 투명 유리창으로 훤히 들여다보이는

곳에서 밥을 먹고 새우잠을 잤다.

> 애 엄마들이 밥해와서 길거리에서 퍼주는 거죠. 한 명은 크레인에 있었고, 94명이 거진 다 있었지요. 그때는 비상이었잖아요. / 박태준

얼마 가지 않아, 해고노동자들이 거리에서 노숙을 하며 주민들을 못살게 군다는 기사가 신문에 실렸고, 신도브래뉴 아파트 계단에는 "외부인 출입금지" 현수막이 걸렸다. 노동자와 노동자를 갈라치기 하는 것도 부족해 노동자와 주민도 서로 적대시하게 배후 조종하는 세력이 있었다. 여기에 대해서는 뒤에 자세히 이야기할 기회가 있어 미룬다.

당신을 통해 희망을 봅니다 2차 희망버스

2011년 7월 9일 무겁던 해무가 걷히기 시작했다. 시원하게 장대비가 쏟아지던 날, 185대의 버스가 전국에서 출발했다. 1차 희망버스의 10배였다. 한 사람의 희망버스 승객이 한 달 만에 열 사람의 손을 잡고 다시 영도를 찾은 거다. 참가자들은 만 명이 넘었다.

조합원들은 거칠고 무딘 손으로 종이배를 접기 시작했다. 희망버스를 타고 오는 사람들에게 줄 작은 선물이었다. 시멘트 바닥을 깔고 앉은 엉덩이가 배기고 자꾸 땀이 찼지만 손바닥만 한 종이를 접어 배 모양을 만들고 테이프로 고정시켰.

"조선소 남자들이 제일 잘하는 게 배 만드는 일인데, 비뚤하게 만들 수도 없고……."

빨주노초파남보의 종이배가 박스 안에 차곡차곡 쌓여간다. "당신을 통해 희망을 봅니다"라고 쓴 희망엽서도 만들었다.

조합원들은 영도조선소 본관 앞에서 5,000명 분량의 어묵탕을 준비했다. 큰 솥에 손수 다시 국물을 내고 부산어묵을 집어넣었다. 1차 희망버스 때보다 열 배가 넘는 양이었지만 손놀림은 몇 곱으로 가벼웠다. 사람이 그리운 나날을 보내던 이들에게 사람이 찾아온다니, 그것도 열 배나 많은 사람이 달려온다니, 가만히 있어도 저절로 엉덩이가 들썩였다. 이용대는 끓고 있는 탕 곁에서 희망버스를 기다리고 있었다.

"나는 희망버스 오는 사람들이 억수로 기다려지거든, 비 맞는 거 하나도 축축하지 않는데, 날아갈 거 같은데."

그는 목젖이 보일 만큼 크게 웃었다. 비가 내리고 있었다.

18:00 부산역

'185대의 버스가 전국에서 출발한다. 영도조선소로 걸어서 이동한다.'

약속된 내용은 이것뿐이었다. 희망버스 참가자들이 도착하기 전부터 부산역 광장에선 풍물패들이 흥을 돋우고 있었다. 이어 비보이들이 등장해 맨바닥에 팽이처럼 몸을 회전시켰다. 오후 6시를 넘어서자 전국에서 출발한 버스들이 도착하기 시작했다. 어느새 부산역 앞 광장이 가득 메워졌다.

문화제가 끝나고 희망버스 참가자들이 장맛비 속을 걸어가기 시작했다. 부산역에서 이어지는 8차선 도로가 물에 잠겼다. 물살을 헤치며 3킬로미터를 걸었다. "사람은 꽃이다, 우리는 꽃이다, 노동자는 꽃이다"라고 적힌 대형 현수막을 꼭 쥐고 사람들이 달리기 시작했다. 흠뻑 젖은 만 명의 몸이 출렁였다. 거대한 물결이었다. 억센 파도였다. 고래고래 소리치며 밤바다를 춤추게 하는 파도가 부산 도심에 밀려들었다.

22:00 영도 봉래교차로

영도대교를 건너 봉래교차로에 도착하자 영도주민들이 참가자들을 박수로 맞이했다. 모두 손을 번쩍 들어 올려 만세를 부르듯 "환영합니다"를 외쳤다. '영도고가도로반대 주민대책위원회' 사람들이었다. 이에 만 명의 참가자들이 노래로 화답했다. 85호 크레인까지 들리도록 목청껏 불렀다. 비옷이 찢어진 참가자는 비옷을 벗어 던지고 물웅덩이를 차며 스텝을 밟았다.

행렬이 멈췄다. 경찰들이 8차선 도로에 차벽을 세우고 대기하고 있었다. 여경들이 맨 앞에 일렬로 섰다.

"지랄하네."

"치사하게 여자를 앞에 세우냐!"

85호 크레인으로 가는 모든 통로가 막혔다. 희망버스 행렬 앞줄에는 휠체어를 타고 달려온 참가자가 섰다.

"빨리 가야 해. 선두에 가야 해, 선두에 가야 쟤들이 조심을 하지."

두꺼운 방패를 휠체어로 밀어보지만 미동도 없다.

"여러분은 지금 신고되지 않은 불법집회를 하고 있습니다. 속히 해산하여 주시기 바랍니다."

무장한 경찰들이 겹겹이 에워싸고 영도 주민이 집으로 들어가는 길마저 막아버렸다. 발을 동동 구르던 주민이 "내 영도 주민인데 우찌 집에 가노?"라며 항의도 해봤지만 묵묵부답이다. 차벽을 넘어가려는 참가자들과 경찰이 충돌하기 시작한 건 그때였다.

처음에는 몰랐다. 하늘에서 떨어지는 게 빗물인줄 알았다. 물에서 농약 같은 매캐한 냄새가 났다. 시민들은 붉어진 두 눈을 부여잡고 어쩔 줄 몰라 했다.

경찰들은 시민들의 눈을 겨냥해 캡사이신 액체를 쏘았다. 바리케이드로 변신한 경찰버스 중앙에선 물대포가 거세게 뿜어져 나왔다. 우산으로 막아봤지만 소용없었다. 맥없이 우산이 부러지고 찢어지기만 했다. 두툼한 방어복과 곤봉으로 무장한 전경들은 땅에다 방패를 찍으며 앞으로 밀고 들어왔다. 여기저기서 비명이 터졌다.

"아파, 아프다고. 눈이 안 떠져."

20대 여성이 발을 구르며 외쳤다.

"물 좀 주세요. 물 좀."

옆에 있던 아저씨가 생수로 눈을 씻겼다.

"으악!"

눈에 물이 닿자 비명이 터졌다.

이 자리에는 대학생들도 있었다. "태어나 처음으로 이런 것을 맞아 봤다"는 스물을 넘긴 학생들은 도리질 쳤다. 대한민국 영도에서 이런 일이 벌어지고 있다는 사실을 믿을 수가 없었다. 살수차에 담겨 있는 것은 물이 아니었다. 파란색 물감에다 최루액을 섞은 것이었다. 세찬 물대포를 맞은 사람들은 몸이 몇 미터씩 뒤로 밀려났다. 매캐한 냄새가 온 거리에 진동했고, 손수건으로 코를 틀어막아야 했다.

사방에서 기침 소리가 들렸다. 대오의 맨 마지막에 자리를 잡고 앉아 있는 참가자들의 눈에도 파란 물대포가 뿌려졌다. 시야가 흐려지고 숨을 제대로 쉴 수 없었다. 소방서 응급대원들이 출동해 최루액에 괴로워하는 시민들에게 응급처치로 소독약을 뿌려줬다. 그마저도 부족했다. 참가자들은 문 열린 지하 만화방에 달려가 급한 대로 찬물로 눈과 팔다리를 씻었다. 만화방은 북새통을 이뤘다.

"51기 앞으로 나와."

경찰의 명령이 떨어지고 대오가 일사불란하게 움직였다. 방패와 소화기를 든 경찰들이 참가자들을 구석으로 밀어붙이기 시작했다.

"열 맞추고 밀어."

호령이 이어졌다. 참가자들은 도로 옆 골목으로 쓸려 들어갔다. 순식간에 방패와 곤봉이 쫓아왔다.

'노동자들도 이렇게 남모르게 맞았겠구나. 아무도 알아주지 않는 곳에서 많이도 맞았겠구나.'

만 명의 참가자들은 최루액과 물대포를 맞으며 해고노동자들의 고통을 이해했다. 경찰은 차벽을 둘러싼 채 단 한 명의 참가자도 영도조선소로 가는 것을 허락하지 않았다. 낮부터 준비했던 어묵탕마저 차벽을 통과할 수 없었다. 어묵탕 냄비는 경찰에게 압수당했다. 불법시위용품이라고 했다. '오뎅탕 압수사건'이 실시간으로 트위터에 올라왔다.

"2011년에는 오뎅탕도 불법시위물품이 되나용? 조금 전에 띠벌 견찰놈들이 오뎅탕을 압수강탈했어요. 불법시위에 사용될 수 있다나? 뭐래나? 띠벌놈들. 이런 법이……."

시민들은 경찰의 폭력에 치를 떨었다. 오로지 크레인에 올라간 노동자를 살려야 한다는 '생명의 마음', '평화의 마음'을 품고, 제 시간을 쪼개고 제 돈을 들여 달려온 이들에게 쏟아지는 경찰의 폭력을 보며 내가 과연 대한민국 국민인가를 물었다. 숱한 회의가 밀려들었다. 이제껏 내가 배워온 민주주의에 대한 의문이 생겼다. 이제 갓 새내기 티를 벗은 대학생들은 이런 풍경이 낯설다 못해 섬뜩했다. 이들 가운데는 2008년 촛불시위 때도 바깥세상에는 눈 감은 채 학원과 도서관에서 대한민국의 미래의 역군이 되고자 입시 공부에만 열심이었던 이들도 있었다. 반면 노동자들은 의연했다. 언제 경찰이 최루액을 뿜을지 정확하게 알았고 그에 맞게 대응했다. 물대포 발사기에서 물이 쏟아져 나올 때와 위협만 할 때에 맞춰 앞으로 나아갈 때와 뒤로 빠져야 할 때를 알고 자연스럽게 몸을 움직였다. 이 '익숙함'이 무섭다.

그렇다. 노동자들은 늘 이렇게 경찰에게 당해왔다. 공장 정문 앞에 2단으로 쌓아놓은 컨테이너 장벽도 낯설지 않고, 눈을 정조준하고 쏘는 최루액이나 소화액도 '일상'이었다. 머리를 향해 쏟아지는 곤봉 세례도, 군홧발도 '당연'했다. 김대중, 노무현 정부 때도 이렇게 맞고, 이렇게 끌려가고, 이렇게 쫓겨났다. 2000년 대우자동차 정리해고 때는 백주 대낮 길거리에서 뻔히 주민들이 보고 있는데도 경찰들은 노동자의 머리를 부수고, 갈비뼈를 짓이기고, 무릎 뼈를 밟았다. '대한민국은 민주공화국이다'에서 거리로 쫓겨난 노동자는 제외되었다. 정리해고 노동자 앞에서 민중의 지팡이는 여지없이 몽둥이로 바뀌곤 했다. 회사에서 고용한 용역에게 두들겨 맞은 노동자가 고소를 하면 노동자는 어이없이 피의자로 뒤바뀌는 일이 다반사였다. 반병신이 되거나 죽지 않고서는 노동자가 두들겨 맞아봤자 경찰과 검찰은 당연한 일로 여겼다.

이 광경을 희망버스 참가자들은 봤다. 처음으로 노동자들의 투쟁에 연대했던 시민, 대학생, 청소년, 어린이들이 두 눈을 똑바로 뜨고 봤다. 그리고 눈물을 흘렸다. 최루액이 매워서 흘린 눈물만은 아니다. 그 광경이 살벌해서 흘린 눈물만은 아니었다. 참회의 눈물도 아니었다. 이제껏 몰랐던 노동자의 삶에 대한 미안함의 눈물. 다시는 당신들 홀로 두들겨 맞지 않게 하겠다는 다짐의 눈물. 솔밭산에서 김주익을 묻으며 흘렸던, 배 만드는 노동자가 흘렸던 그 짜디짠 옥빛처럼 빛나는 눈물을 닮아갔다.

청년들은 달랐다. 물이 맵다는 의미를 깨우치자 춤을 추기 시작했다. 청소년들은 분수대에서 물놀이를 하듯 "또 쏴라"를 외치며 두 팔을 들어 팔딱팔딱 뛰기 시작했다. 별거 아니었다. 물대포가 거센 물발을 쏟아내면 살짝 옆으로 비켜났다가 다시 거리로 뛰쳐나오면 됐다. 경찰의 해산 명령과 연행 협박에는 구호나 노래를 더 커다랗게 외치면 되었다. 민주주의는 이렇게 일사불란한 경찰의 행위가 아닌 시민들의 자유로운 몸짓에서 모락모락 피어올랐다.

물대포로 흩어졌던 참가자들이 다시 돌아와 차벽 앞에 벽돌을 쌓기 시작했다. 돌계단을 만들 작정이었다. 일렬로 서서 벽돌을 한 장씩 옮겼다. 손에서 손으로 이동한 벽돌이 수북이 쌓여갔지만 차벽을 넘기에는 한참이나 모자랐다.

02:00

물대포와 함께 경찰들이 참가자들을 연행하기 시작했다. 가대 위 세 명을 포함해 50명의 참가자들이 잡혀갔다. 연행자 가운데는 박성호의 가족도 있었다. 경남 남해에서 올라온 가족은 걸어서 10분 거리인 한진중공업 정문을 코앞에 두고 봉래교차로에서 연행되었다.

박성호의 아들 슬옹이는 엄마, 누나와 함께 거리에 나왔다. '진숙이 이모'를 지키기 위해. 크레인에 있는 아빠를 만나고도 싶었다. 가족도 아닌데 자신의 일처럼 희망버스를 타고 온 시민들도 보고 싶었다. 하지만 경찰은 커다란 살수차로 높은 차벽을 치고,

물대포를 겨누었다. 이내 곳곳에서 쏟아지는 파란 물줄기와 정체 모를 액체에 비명을 지르며 힘들어하는 시민들을 보며 슬옹이는 놀란 나머지 그곳을 정신없이 빠져나왔다. 그 와중에 엄마와 누나를 잃어버렸다. 곧 엄마와 누나가 경찰에 끌려갔다는 소식을 들었다. 열다섯 살 슬옹이는 두 사람을 지키지 못하고 길바닥에 홀로 서 있는 자신의 비겁함이 부끄러웠다.[10]

그렇게 밤이 깊어갈수록 새벽은 가까워졌다. 차벽에 막힌 참가자들은 돗자리를 펴고 배낭을 베개 삼아 도로 위에 누워 잠들었다. 조선소 정문 앞에서 기다리던 해고노동자들은 차벽 뒤에 앉은 채로 꾸벅꾸벅 졸았다. 박카스 병에 꽂힌 모기향이 조용히 타들어갔다. 모기떼가 얼굴에 집요하게 달려들었다. 새벽 3시가 넘어서자 전경들도 방패를 끌어안은 채로 잠이 들었다.

07:00

날이 밝았다. 경찰이 뿌려댄 물대포로 거리 군데군데 웅덩이가 만들어졌고, 마른 도로는 살짝만 스쳐도 독한 최루액 가루가 묻어났다. 경찰 차벽은 "정리해고 박살내자"라고 쓰인 빨간 피켓으로 뒤덮였다.

송경동 시인의 쉰 목소리가 봉래교차로를 울렸다. 참가자가 연행되는 급박한 상황에 희망버스 기획단은 기자회견을 가졌다.

---

[10] 김진숙, 〈프레시안〉 "김진숙 '슬옹아 부끄러운 건 네가 아니야'", 2011.8.31.

180여 대의 희망버스 단 한 대도 빠지지 않았습니다. 연행자가 일부 있지만 전국에서 모인 희망버스는 흔들리지 않고 있습니다. 우리는 연행자 석방과 평화롭게 김진숙 씨를 만날 수 있게 할 것을 경찰에게, 그리고 이 정부에게 요구합니다. / 송경동

가대위는 배낭과 아기 기저귀 가방에 종이배 만 개를 담아 차벽을 넘어 봉래교차로로 왔다. 일주일 동안 해고노동자들이 접은 종이배를 이튿날 오전 10시가 되어서야 참가자에게 나눠줄 수 있었다. 도경정은 울음을 삼키며 말했다.

쇳조각을 가지고 배를 만들던 애기아빠들이 하루아침에 일자리를 잃었습니다. 희망버스 타고 오시는 분들께 나눠드리려고, 땡볕에 노숙을 하며 무딘 손으로 종이배를 접었습니다. 초등학교 자녀에게 종이배 만드는 걸 배워가며, (희망버스 승객들에게) 나눠드리고 힘을 받고 싶었는데, 전달할 길이 없었습니다. / 도경정

종이배를 받아든 참가자들의 눈시울이 붉어졌다. 언제 비가 내렸냐는 듯 뜨거운 태양이 교차로를 비추었다. 참가자들은 다음을 기약하며 희망버스에 올랐다.

얼굴 보고 이야기하고 싶고, 친구가 되고 싶었는데요. 이제는 그런 생각이 하나도 들지 않고 빨리 내려와 좀 쉬셨으면 좋겠어

요. 가대위분들하고 스머프 아저씨들하고 쉬면서 일하면서 평범하게 살았으면 좋겠습니다.[11] / 조서윤숙 희망버스 참가자

---

11) 〈PlogTV〉, "2차 희망버스가 오던 날 3", 2011.7.16.

하늘을 수놓은 풍등 / 3차 희망버스

2011년 7월 30일   정치권 인사들이 줄줄이 한진중공업을 다녀갔다. 손학규 민주당 대표, 정동영 의원, 김정길 전 의원이 내려와 간담회를 가졌다. 7월 20일에는 김비오 민주당 영도지구당 위원장이 85호 크레인을 바라보며 희망 단식을 시작했다. 종교인들도 다녀갔다. 날마다 신도브래뉴 아파트 앞에서는 문화제가 열렸다. 모두가 한목소리를 내고 있었다. '김진숙을 살아서 내려오게 하고 싶다'는 간절함이 전국적으로 퍼져갔다.

정투위 노동자들은 희망버스 참가자들이 고마웠다. 아무도 알아주지 않던 투쟁에 관심을 가져주고 5시간씩 버스 타고 달려와 준 사람들에게 어떻게든 화답하고 싶었다. 노동자들은 이때가 절망이 희망으로 바뀌는 순간이었다고 말했다.

우리가 완전히 절망에 빠져 있을 때, 희망버스가 담벼락 타고 넘어왔어요. 그때 내가 엄청 울었다고. 쪼그리 앉아가 있는데, '아저씨 우리가 왔어요. 힘내세요.' 이런 말 하는데, 엄청 눈물이 나더라고. 희망버스가 계속해서 이래 한 달에 한 번 잡아서 막 오는데 사회적 이슈가 되고 이럴 때 끈질긴 연대가 이래서 중요하구나 싶었어. / 이용대

2차 희망버스가 다녀가고 일주일이 지난 7월 16일, 노동자들은 3차 희망버스를 맞을 준비를 하고 있었다. 희망자전거를 타고 일주일 동안 전국 투쟁사업장을 돌 계획을 세웠다. 다른 투쟁사업장에도 희망과 연대의 기운을 보태고 싶었다.

24일 오전 10시, 서울 대한문 앞에서 '한진중공업 정리해고 철회 투쟁위원회 희망자전거 행진단' 기자회견을 가졌다.

우리는 부산 영도 한진중공업에서 '희망버스'를 기다리지 않고 거꾸로 서울을 출발하여 전국각지 500킬로미터를 자전거로 행진하면서 한진중공업으로 향하는 '희망버스' 동승자가 되려 합니다. '한진노동자 희망자전거'는 7월 24일 오전 10시 서울 대한문 앞에서 출발하여 우리와 비슷한 잔혹한 자본의 탄압에 투쟁하고 있는 평택의 쌍용자동차, 아산의 유성기업을 거쳐 대전, 김천, 구미를 지나 김해, 부산으로 향합니다. / 차해도

7월 24일은 김진숙이 크레인에 올라간 지 200일이 되는 날이

다. 단장을 맡은 이용대와 열 명의 조합원이 자전거에 올랐다. 희망자전거는 하루 80킬로미터씩 달려 나갔다. 7월 30일, 3차 희망버스가 내려오는 때에 맞춰 부산에 도착해야 했다.[12]

"쌔가 만발이 빠지도록 달리고 또 달렸어요."

대구에 도착했을 때, 가장 나이 어린 조합원이 다리 통증을 호소했다. 모두가 피곤에 지쳐 잠을 자는 동안 스태프들은 부상자를 차에 태우고 이동하기로 했다. 그래야 일정에 맞출 수 있었다. 잠든 줄 알았던 최강서가 이용대를 찾아왔다.

저를 좀 보자고 하더라고요. 강서는 부산에 시간을 맞춰 내려가는 것도 중요하고, 전국에 우리 상황을 알리는 것도 좋지만, 200일째 크레인에 올라가 있는 김진숙 지도위원이 살아서 내려와야 할 거 아니냐고 했어요. 막내가 통증이 심하다는 것은 알지만 그렇다고 포기하면 안 된다고, 자전거에 줄을 묶어서 끌고 가자더군요. 다음 날 자전거에 줄을 묶고 앞에서 끌고 가는데, 영화의 한 장면 같았어요. 그렇게 억지로 자전거를 타고 한 명의 낙오자도 없이 3차 희망버스 행사 직전에 부산역에 올 수 있었어요. 도착하니 강서가 저를 보고 씩 웃더라고요.[13] / 이용대

---

12) 김준철, 〈민중의 소리〉, "한진중공업 노동자들의 힘들지만 즐거운 희망자전거", 2011.7.27.
13) 윤지연, 〈참세상〉, "4명의 노동자 떠나보낸 '늙은 노동자'의 눈물", 2013.1.17.

최강서는 어렵고 힘들 때일수록 강인한 의지와 뜨거운 사랑으로 동료들을 일으켜 세운 이였다. 이런 최강서가 훗날, 도저히 믿기지 않는 일을 하게 된다.

밤낮없이 달려온 해고노동자들이 마주한 것은 부산역 주위 도로를 휘감은 현수막이었다.

"절망버스 오지 마라", "부산시민이 원하지 않는다. 절망버스"

영도의 분위기도 험악해져 갔다. 경찰과 용역이 나란히 정문 앞을 나눠 지키고 서 있었다. 지나가던 영도주민 10여 명이 불같이 화를 냈다. 용역을 향해 삿대질을 하며 눈을 부라렸다.

"인마, 진짜로 약한 놈들한테 강한 척하믄 그건 남자도 아니라. 불알 떼가 개 주야 돼."

"은젠가 개인적으로 니기미 씨바, 부산시에서 함 안 보겠나. 으이?"

용역 청년은 인상을 찌푸리며 노란 안전모를 감싸 쥐었다. 고개를 드는 사이 매서운 눈빛이 오고 갔다.

"느그가 니미기 씨바 족보 있는 오리지날 깡패가 있는가 모르겠지만 으이, 씨발놈들. 좆도 아닌 것들이."

한바탕 욕을 내지른 주민이 뒤돌아서다 분에 못 이겨 다시 돌아섰다.

"니들 땜에 9시만 되면 영도 시내에 사람이 안 다녀."

'자유총연맹', '부산범시민연합', '영도구 주민자치위원회', '어버이연합' 등 수십여 개의 단체들이 현수막을 내걸었다. 모든 사실이 사라지고 전문 시위꾼들이 '전투함을 건조하는 최상위급 국가보안목표 시설'인 한진중공업에 무단 진입하려 한다는 말이 노인들의 입을 타고 퍼져갔다. 영도로 들어가는 모든 진입로를 각종 지역보수단체와 어버이연합 회원 1,000명이 막아섰다. 영도로 들어가는 버스마다 참가자들을 색출하기 위한 작전이 펼쳐졌다. 70대 노인의 모자에는 "시위버스 결사반대"라고 쓰여 있었다. 어버이연합 회원들이 멈춰선 버스 안으로 들이닥쳐 자리에 앉아 있던 청년의 멱살을 잡아끌었다. 그 뒤로 무장한 전경들이 뛰어들었다. 버스 안이 북새통을 이뤘다.

"끌어내, 끌어내!"

버스 안이 이리저리 흔들렸다. 전경들은 노인들을 만류하지 않았다.

한 여성이 외쳤다.

"경찰들은 뭐하는 거야!"

경찰은 버스에 탄 승객들을 영도 주민과 희망버스 참가자들로 구분하였다. 별을 단 유대인을 끌어내던 게슈타포처럼 꽃분홍색 스카프를 두른 희망버스 승객들을 격리했다.

"불법시위 하러 온 사람은 끄집어내세요."

"천천히 분리시키란 말이야."

"안경 쓴 사람 끌어내."

버스 안에 탄 사람들이 한 명씩 끌려 나왔다.

희망버스에 대한 경찰 대응의 핵심은 '최대한 부산 시민에게 불편을 초래하라'였던 것 같다. 단순히 시위를 막겠다는 수준을 넘는 봉쇄였다. 특히 영도 주민의 불만을 최대한으로 끌어내려는 심리전에 가까웠다. 영도 길이 막힌 까닭은 희망버스 참가자 때문이 아니었다. 계엄령을 방불케 하는 경찰 병력과 이들을 동원한 경찰버스였다. 누가 봐도 시위를 막겠다는 의도가 아니었다. 영도의 교통망뿐만 아니라 시민들의 도보 통행마저 차단해 극도의 불만을 일으켰다. 경찰은 이에 대한 불만을 '외부'에서 온 '전문 시위꾼'에게 돌리려는 의도가 곳곳에서 드러났다.

　순혈 민족임을 내세워 불순한 피를 지닌 유대인을 말살하려던 히틀러의 목적은 세계 정복이었다. 히틀러는 아리아 민족을 기반으로 유대인을 몰살하면서 침략의 명분을 확보해갔다. 하지만 야만적인 권력은 무너지기 마련이다. 불순한 의도는 결국 자신의 목에 칼끝을 돌리게 한다. 역사는 그랬다. 당장은 그 불만을 이용할 수 있을지 모르지만 오래가지 못한다. 경찰은 역사의 교훈을 깨닫지 못하고 스스로 한진중공업 자본의 충실한 하수인처럼 행동했다. 시민들에게 마구잡이 출두요구서를 발송했고, 그런 행위는 더욱 많은 시민을 희망버스에 타게 했다. 경찰이 내세운 법의 잣대는 공정함이 앞서지 않고, 불순한 의도가 곳곳에서 드러났다. 차벽을 세워 평화로운 행진마저 가로막고, 이에 항의하면 물대포를 쏘고, 도로만이 아니라 인도까지 차단해 불만을 일으키고, 그 불만을 이용해 시민들을 효과적으로 통제하려고 했다.

공권력은 지켜져야 한다. 억울한 이를 위해, 약한 이를 위해, 차별받는 이를 위해 시민들이 앞장서서 공권력의 권위를 살리고 그 힘을 존중하며 지켜야 한다. 공권력이 무너지는 순간, 사회 혼란이 일어난다. 그 피해는 고스란히 힘없고 서러운 이들이 감수한다. 바로 시민의 밥줄과 생명을 지키는 게 공권력의 역할이다. 법 앞에 모든 이는 평등해야 한다. 법 위에 존재할 것은 생명 밖에 없다. 생명은 어떤 체제나 권력보다 앞서 존중받아야 한다. 생명을 무시한 법은 어겨서라도 깨뜨려야 맞다. 그게 민주주의의 역사였다.

세계적인 법학자인 독일의 루돌프 폰 예링은 〈권리를 위한 투쟁〉이라는 연설에서 법의 생명은 투쟁이라고 했다.

법의 목적은 평화이며, 평화를 얻는 수단은 투쟁이다. 법이 부당하게 침해되고 있는 한 – 그리고 세상이 존속하는 한 이러한 현상은 계속된다 – 법은 이러한 투쟁을 감수하지 않으면 안 된다. 법의 생명은 투쟁이다. 즉 민족과 국가 권력, 계층과 개인의 투쟁이다. 이 세상의 모든 권리는 투쟁에 의해 쟁취되며, 중요한 모든 법규는 무엇보다도 이러한 법규에 반대하는 사람들에 맞서 투쟁함으로써 쟁취된 것이다. (중략) 즉 투쟁은 법의 영원한 노동이다. 노동 없이 소유권이 존재할 수 없듯이 투쟁 없이 법은 없다. '이마에 땀을 흘리지 않고서는 빵을 먹을 수 없다'고 하는 원칙에는 '당신은 투쟁하는 가운데 스스로의 권리를 찾아야 한다'는 원칙이 동일한 진리로 서로 대응하고 있다.

권리가 자기의 투쟁 준비를 포기하는 순간부터 권리는 스스로를 포기한다. 현명함의 마지막 결론은, 날마다 자유와 생명을 쟁취하는 자만이 그것을 향유한다라는 점이다.

폰 예링 말처럼 노동 없이 밥이 존재할 수 없듯이 투쟁 없이 법은 없다. 희망버스를 통해 처음 노동자의 투쟁과 공권력의 실체를 깨우친 시민들은 스스로 '전문 시위꾼'으로 변신했다.

영도로 들어가는 모든 통로가 막혔다. 버스들은 평소 노선대로 달리지 못했다. 버스가 영도에 도착하면 어김없이 경찰들이 막아섰다. 참가자들은 걷기 시작했다. 경찰을 피해 영도 산복도로를 올랐다. 걸어서 10분이면 가는 길을 빙빙 돌아서 가야 했다.

어느새 새벽이 되었다. 희망버스를 타고 부산으로 '휴가'를 온 참가자들은 새벽까지 경찰들과 숨바꼭질을 했다.

부산에 사는 이광혁은 대학교 친구들과 산복도로를 넘었다. 희망버스 참가자들과 난장에서 함께 즐기기 위해 기타를 메고 트럼펫을 들었다.

전혀 예상도 못 했어요. 그런데 경찰도 예상 못 했을 거예요. 3시간 걸려서 수변공원에 도착했을 때 말도 못하게 기뻤어요. 참가자들과 한진 아저씨들과 같이 놀았는데 엄청 재밌었어요. / 이광혁

새벽에서야 영도 수변공원에 1만 5,000명 참가자들이 모여들

ⓒ 정택용

었다. 온몸이 땀에 절었다. 쉰내도 풀풀 났다. 염원을 담은 풍등이 하늘 위로 훨훨 날았다. 참가자들이 숙연해졌다. 밤하늘에 날던 풍등 하나를 가슴에 담았을 김진숙의 목소리가 전화기를 타고 울려 퍼졌다.

200여 일이 되도록 눈길 한 번 주지 않던 부산시장이, 사장이, 부사장이, 마침내 집권당까지 나서 내려오라 요구했습니다.
나를 내려오게 하려면 내가 어떤 마음으로 여길 올라왔나, 어떤 마음으로 206일을 버텼는지 그걸 먼저 헤아려라. 무엇이 나를 내려오게 할 수 있는지를 진심으로 생각해보라. 비정규직과 해고된 노동자들, 장애인들, 성적소수자들, 여성들, 등록금 해결 못 하는 학생들, 짓밟히는 삶들이 있습니다. / 김진숙

땀에 전 무거운 몸이었다. 다리며 팔이며 아프지 않은 곳이 없었다. 하지만 이 순간 한 사람을 살리는 것이 자신들을 살리는 일이라는 것을 알았다. 참가자들 또한 비정규직인 것을. 사회의 다수의 구성원임을. 그들과 함께 살고 있음을. 모두를 살리러 온 것임을. 가슴 깊은 곳에서 함성이 터져 나왔다.
"조만간 얼싸안아요. 우리도 신명나게 즐겁게 함께하겠습니다. 고맙습니다."
김진숙의 목소리가 공권력에 모질게 시달린 몸에 생기를 불어넣었다.

이 사람을 아십니까

2011년 8월 10일 8월 10일 오전 11시, 부산시청에서 조남호가 기자회견을 연다는 소식이 들려왔다. 조합원들은 승합차를 타고 시청으로 달려갔다. 회장의 얼굴만이라도 보고 싶었다.

갑작스럽게 조남호가 기자회견을 가진다는 것을 전날 밤에 들었어요. 영도 사옥에서 할지 시청에서 할지 장소를 몰랐어요. 근데 인제 상황상 시청이 맞을 거 같아서 그쪽으로 갔는데 경찰들이 다 막고 있더라고요. / 박태준

노사 협상 때 단 한 차례도 얼굴을 보이지 않았던 사람이다. 지난 6월 청문회 때도 나타나지 않았다. 해외 체류 중이라던 조 회장이 국내에 있다는 사실이 나중에 밝혀지면서 조합원들은 치를 떨었다. 국회의원은 물론 국민들의 귀와 눈마저 속이는 일을 서슴지 않았다. 그러니 노동자와 약속은 애초에 그의 안중에도 없

었는지 모른다.

오전 10시 30분, 시청의 정문과 후문이 모두 봉쇄되었다.

잠시 뒤, 조남호가 기자회견장에 들어섰다. 그의 왼쪽 가슴에는 한진중공업 로고가 또렷하게 박혀 있었다.

"저는 오늘 이 자리를 빌려 저희 한진중공업의 구조조정 과정에서 부산시민과 영도구민 여러분 그리고 국민 여러분과 협력사 여러분들에게 크나큰 염려를 끼쳐드린 점에 대해 진심으로 고개 숙여 사과드립니다."

조남호는 한 발 물러서 고개를 숙였다. 수십 대의 카메라가 그 순간을 놓치지 않았다.

"이 같은 세계적 금융위기와 선박건조시장의 공급과잉 상황에서 약화된 당사의 수주경쟁력은 최소한의 인적 구조조정 없이는 회복이 어렵고 기업의 생존 자체가 불가능했던 것입니다. 이러한 상황에서, 회사의 불가피한 선택에 대해 무조건 정리해고를 철회하라는 이야기는 결국 회사의 생존에 필수적인 체질개선 및 구조조정을 포기하고 경쟁력 없는 상태로 돌아가 기업과 임직원들이 다 같이 생존을 포기하라는 얘기와 다를 바가 없다는 것을 말씀 드리고 싶습니다. 게다가 당사자 간 합의를 무시한 외부세력들의 개입으로 불법 고공농성, 시위와 집회 등 불법적 압력에 의해 정당하고 합법적인 경영활동이 힘들어진다면 이는 우리 사회가 지켜야 할 최소한의 기본원칙을 저버리는 결과일 것입니다."

낮은 음색의 느린 말투였다.

최소한의 인적 정리였던가. 필리핀 수빅조선소가 정궤도로 오른 뒤로 3,000명이 넘는 노동자가 소리 소문 없이 영도를 떠나야 했다. 경쟁력을 말하지만, 영도조선소의 경쟁력을 죽인 것은 경영진이었다. 하지만 조남호는 수십억 원에 달하는 배당금을 해마다 꼬박꼬박 챙겨가며 노동자들을 거리로 내몰았다. 그리고 누가 외부세력인가? 노동자와 한 약속을 지키라고 한, 85호 크레인에 매달린 생명을 살리려고 한 희망버스 승객이 외부세력이란 말인가. 국민의 손으로 뽑은 국민의 대표인 국회의원들에게 거짓말을 한 조남호 자신이 대한민국의 헌정 질서를 무시하는 '불온·불법 세력'이고, 치외법권을 휘두르려는 '이국 세력'은 아닌지 되물을 수밖에 없다. 이게 조남호의 기자회견을 들은 노동자의 마음이었다.

"국회 청문회에 참석할 겁니까?"라는 기자의 물음에 조남호는 "국회 결정은 존중하겠습니다"라며 자리를 떠났다.

먼저 들어온 20명의 조합원들과 가족들이 복도에 서 있었다.

"회장님 얼굴 좀 봅시다."

복도가 쩌렁쩌렁 울렸다. 혹시나 듣지 못했을까 봐 더 크게 외쳤다. 시청 직원들이 일렬로 서서 조합원들을 막아섰다.

"회장님 좀 봅시다. 왜 우리만 죽어야 되는데!"

마지막 순간이다 싶어 고함쳤다. 조합원들의 눈에 핏대가 섰다. 조남호는 단 한 번도 돌아보지 않았다. 허탈했다. 십수 년간 몸담았던 회사의 회장이 자신들을 외면했다.

"왜 우릴 무시하냐고."

조남호가 떠난 시청 복도에 조합원들이 털썩 주저앉았다. 바로 몇 미터만 걸으면 닿을 수 있는 거리였다. 한진중공업을 먹여 살린 노동자들은 투명인간이었다. 그의 눈에는 안간힘을 다해 회장님을 부르던 노동자들이 보이지 않았다.

8월 5일, 여야 국회의원은 원내대표 회담에서 한진중공업 사태에 대한 청문회를 열기로 합의했다. 조남호는 청문회 참석을 조건으로 85호 크레인에서 농성 중인 김진숙의 출석을 내걸었다. 여당은 이를 받아들였다.

김 지도위원은 이제 무조건 크레인에서 내려와야 한다. 국회 청문회장에 가는 것이 아니라 검찰과 경찰의 조사부터 받아야 한다. / 김형오 한나라당 국회의원

조남호 회장과 김진숙 지도위원이 국민 앞에서 나서서 사태를 적극 해명하길 바란다. 사기업의 정리해고 문제는 노사가 해결하는 게 맞지만, 정치권의 개입으로 정치혼란을 빚게 돼 청문회를 개최하게 됐다. / 황우여 한나라당 원내대표

조남호의 요구는 정리해고 투쟁을 중단하라는 말과 다르지 않

앉다. 아무것도 해결되지 않은 상황에서 김진숙은 크레인을 내려갈 수 없었다. 야당에서는 김진숙을 증인 대신 참고인으로 채택할 것을 요구했고, 다행히 받아들여졌다.

청문회가 열리기 하루 전인 8월 17일, 한나라당 당사 앞에 광화문 소금꽃밭 공동투쟁단이 모였다. 가대위와 해고노동자들도 함께 자리했다. 아이들은 "아빠를 돌려주세요", "아빠 보고 싶어요"라고 쓰인 피켓을 들고 앞에 섰다. 다섯 살배기 여자아이는 두리번거리다 기자들이 카메라를 들자 번쩍 피켓을 들었다.

처음에 해고 통보를 받았을 때는 다른 데 가서 열심히 일하면 되지. 그런 생각을 했었습니다. 그런데 시간이 지날수록 억울하기도 하고, 분하기도 하고, 또 내 신랑이 뭘 그리도 잘못해서 해고를 당해야 하나 하는 생각에 잠을 이룰 수가 없었습니다. 제 남편은 땀 흘려 일하는 노동자였습니다. 배 만드는 것이 천직인 줄 알고 살았습니다. 옆에서 함께 일하던 노동자가 죽어가는 것을 보고도 일하는 것을 멈출 수가 없었던 노동자였습니다. 그런데 제 남편이 왜 해고되어야 하는 것입니까? 노동자도 인간입니다. 사람답게 살고 싶습니다. 이번 청문회를 통해 진실을 밝혀주시기 바랍니다. / 홍미애

조남호의 국회 청문회 출석에 대한 기대가 컸다. 200여 일이 넘도록 크레인 위에 있는 김진숙과 사수대를 내려오게 할 수 있

는 말. 노동자를 살릴 수 있는 단 한마디, '정리해고 철회'. 조남호가 지금이라도 그 말을 해주길 바랐다.

2011년 8월 18일 8월 18일, 조남호와 이재용이 나란히 국회에 얼굴을 드러냈다. 정리해고 이후 처음으로 조남호가 청문회에 나왔다. 민주당 의원들도 자리를 채웠다. 고용노동부 장관인 이채필과 6월 환경노동위원회 청문회에 나타나지 않았던 한나라당 의원들도 앉아 있었다.

정동영이 한 장의 사진을 꺼내 들고 조남호에게 물었다.

"이 사람을 아십니까?"

천천히 고개를 든 조남호가 사진을 쳐다보았다. 아무 말이 없다.

"2003년 정리해고를 철회하라고 85호 크레인 위에서 넉 달을 버티다가 자신의 밥통을 올리려는 밧줄에 목을 맨 한진의 노조 지회장입니다. 사진 속의 이 사람은 누구입니까?"

조남호는 정동영이 내민 또 다른 사진을 무심하게 쳐다본다. 역시 모르는 얼굴이다.

"곽재규 조합원. 김주익 지회장이 목을 맸을 때, 회사가 끄떡하지 않고 버티자 절망을 느끼고 또 그해 목을 맨 사람. 사진 속에 이분 모르시겠습니까?"

여전히 조남호의 초점은 흐리다. 사진을 보고 싶은 마음이 전혀 없는 것 같다.

"91년 한진중공업 노조위원장. 감옥에서 나온 뒤 의문의 타살을 당한 사람입니다. 장례식장에는 한 번이라도 가보셨습니까?"

정동영이 비장한 어투로 몰아붙였다.

"증인, 유족들에게 한 번이라도 사과하셨습니까? 어떻게 생각하십니까? 인간으로서. 사장으로서, 회장으로서가 아니라 인간으로."

고개를 숙이고 있던 조남호가 느리게 입을 연다.

"본인이 이 자리를 빌어 다시 한 번 사과를 드립니다. 본인이 당시 상황을 제대로 인지를 못하고……. 다시는 이런 일이 안 생기도록 최대한 노력을 하겠습니다."

짧은 말이었다. '다시는 이런 일이 안 생기도록 최대한 노력을 하겠습니다.' 조남호의 말이다. 여기서 '이런 일'이란 '노동자가 목숨을 버리는 일'일 거다. 조남호의 이 말은 그리 멀지 않은 미래에 거짓임이 밝혀진다. 조남호는 끊임없이 노동자의 목숨을 노렸다. 복수노조를 만들게 해서 노동자들을 절망에 빠지게 만들었고, 수백억 원의 손해배상 및 가압류로 노동자의 목줄을 거머쥐었다. '안 생기도록' 노력한 것이 아니라 '다시 이런 일이 생기도록 최대한 노력'을 했다. 가진 자들은 안다. 노동자에게 위기는 길지만 가진 자들에게는 순간이라는 걸. 어떻게든 이 위기를 넘어서면 자신들의 손에 다시 노동자의 목숨을 거머쥘 칼자루가 주어진다는 걸. 청문회장에 앉은 조남호의 손에는 '순간'을 빠져나갈 '비법'을 적은 종이 한 장이 있었다. 그의 초조한 모습조차 치밀하게 계획된 행동이었음이 얼마 지나지 않아 들통났다. 사람을 죽이지 말라는 말에도, 수주량이 왜 없냐는 다그침에도, 수주실적을 왜 수빅 조선소로 옮겼는지에 대한 질문에도. '예, 아니요, 그런 사실이 없는 걸로 알고 있습니다'로만 일축했다. 조남호의 말에는 감정의 변화도, 뉘우침도, 약속도 없었다.

청문회장에 앉아 있던 김인수는 화가 났다.

'어찌 곽재규, 김주익의 이름을 모를 수가!'

국회방송으로 청문회를 지켜보고 있던 해고노동자들과 가족들, 크레인 위 사수대와 김진숙은 조남호의 답변에 할 말을 잃었다. 청문회에 가졌던 기대는 점점 분노로 바뀌기 시작했다.

지지부진한 답변이 이어졌다. 여야가 번갈아가며 약 10분 내외의 질의응답 시간을 가졌다. 오전 10시에 시작한 청문회는 점심시간에 잠시 휴회되었다. 발언 기회조차 얻을 수 없었던 김인수가 조남호 앞을 가로막았다.

"조남호 회장님, 당사자입니다. 이제 그만 좀 죽여주십시오. 사람이 죽어갑니다. 그만 좀 멈춥시다. 얼마나 더 죽여야 됩니까! 여기서 그만……. 이제 그만 좀 멈춥시다. 제발……."

이를 지켜보던 도경정은 흐르는 눈물을 참을 수가 없었다.

반 년 넘게 투쟁을 하는 동안 밖에 있다가 이 자리에 왔는데 너무나도 뻔뻔스럽게 얘기하는 거 보니까, 길에서 고생했던 게 자꾸 생각이 나서 더 많이 슬펐고, 과연 사랑한다는 종업원들을 얼마만큼 사랑하는지, 저는 그 사람의 진심을 이해할 수 없고요. 그 사람의 뒤통수를 보고 있는데 눈물이 많이 났어요. / 도경정

다시 청문회가 이어졌다. 정동영이 사진을 꺼내들었다. 조남호가 오전에 증인석에서 힐끗힐끗 훔쳐보던 문건이 찍힌 사진이었다. 누군가 적어준 청문회 답변 요령지였다.

화법 지루할 정도로 느리고 다소 어눌하게, 호소하는 어투로 답변.
부정표현 정중하게 아닙니다, 예 등 즉답 지양.
호소 아무래도 저희 회사가 제일 고통스러움을 이해해주시기 바랍니다.

이 장면은 청문회를 취재 중이던 〈참여와혁신〉 봉재석 사진기자의 카메라에 우연히 잡혔고, 휴회되었던 점심시간에 사진이 인터넷에 공개되었다. 어눌한 말투와 지루한 답변, 모두 계산된 행동이었음이 들통 났다.
정동영이 소리쳤다.
"부끄러운 일입니다. 그래도 대한민국을 대표하는 대기업 총수가 청문회에서 이따위 커닝 페이퍼로 국민을 우롱했습니다. 사과하세요. 이따위 커닝 페이퍼 누가 썼습니까!"
조남호는 아무 말이 없었다. 기자회견장에서 외부세력 운운하던 기개는 한구석도 찾을 수 없었다.

오후 2시. 정동영이 고공농성 중인 김진숙에게 전화 연결을 시도했다.

"김진숙 지도위원. 지금 조남호 회장이 앞에 있습니다."

휴대폰을 마이크 앞에 갖다 대자 김진숙의 목소리가 울려 퍼졌다.

"제가 크레인에서 225일을 보내는 것보다 더 절망했던 게……"

그 순간 한나라당 의원석에서 불만이 터져 나왔다.

"뭐하는 겁니까? 이게."

"참고인으로 불렀잖아요. 들어보세요."

"왜 안 나오고 전화질입니까. 청문회 이런 식으로 할 겁니까!"

여당의원이 벌떡 일어나 삿대질을 했다. 당장이라도 달려들 기세였다.

"이게 무슨 쇼입니까. 불법농성자한테 어떤 행동을 하라는 겁니까! 지금. 불법농성자입니다."

정동영이 반박했다.

"한나라당 의원들이 김진숙 위원을 참고인으로 신청했었는데 막상 통화 시도를 하니 고성을 지르며 김진숙 위원의 목소리를 듣는 것조차 막으려 합니다. 한나라당 의원들은 왜 김진숙 위원을 두려워합니까!"

5분간 정회되었던 청문회는 전화를 끊고서야 다시 시작되었다. 여야 의원들 모두 한진중공업이 밝힌 긴박한 경영상의 위기가 정리해고의 이유가 될 수 없다는 부분에 대해 의견이 일치했다. 저녁이 넘어서자 의원들이 하나둘 자리를 뜨기 시작했다. 지루한 답변과 긴 청문회 시간 동안 모두가 지쳐갔다.

화살은 고용노동부 장관인 이채필에게 돌아갔다. 불법적으로 폭력을 자행한 용역들을 감시하지 않았고, 회사가 모든 불법을 자행하도록 방치한 사실을 물었다.

"장관이 나서서 해결할 수 없었습니까?"

"지금까지도 수차례 해왔습니다. 노사에 달려 있습니다."

고용노동부 장관의 말이다. 청문회를 지켜보던 노동자들의 입에서 욕이 튀어나왔다. 그렇게 밤 12시가 되었다. 질기고 긴 시간이었다. 조남호의 입에서 '정리해고 철회'라는 말은 결국 나오지 않았다.

자리를 뜨는 조남호가 이채필에게 인사를 했다. 채길용에게도 악수를 건넸다. 국회는 참관했던 노동자들의 절규로 얼룩져갔지만 조남호는 그대로 밖으로 빠져나갔다.

특별한 신혼여행 4차 희망버스

2011년 8월 27일

85호 크레인 기둥에 종이 바람개비가 위태롭게 매달려 있다. 1차 희망버스 참가자들이 장식했던 바람개비는 장대비와 태풍을 맞고 너덜너덜해졌다. 또 다른 태풍이 다가오고 있었다. 2003년 태풍 매미는 맹렬한 바람으로 85호 크레인을 그 자리에서 일곱 바퀴를 돌렸다. 천막들이 다 부서졌지만 김주익 지회장은 다행히 멀쩡했다. 열대폭풍이 몰아치는 날에도 몸을 숨길 곳은 부실한 텐트밖에 없었다. 4차 희망버스를 앞두고 박성호는 말했다.

"생활이 불편하긴 하지만, 투쟁이 승리하는 날을 상상하면 견딜 수 있습니다. 걱정 마이소."

턱수염이 하루가 다르게 자라 얼굴의 반을 뒤덮었다. 폭염 속 흐르는 땀을 물티슈로 겨우 닦아내며 견뎌야 했다. 시원한 물 한 동이가 간절했다. 그래도 멀리서 크레인을 찾아오는 사람들을 보면 절로 힘이 났다. 걱정스레 눈을 못 떼는 담벼락 밖의 사람들에게 양팔을 크게 흔들어 보였다.

8월 27일, 4차 희망버스는 서울로 향했다. '한진중공업 문제, 이제는 정부가 해결하라! 정리해고 제도는 남아 있어서는 안 된다'는 요구를 내걸고 시동을 걸었다. 희망버스 기획단은 지금까지 함께한 희망버스 참가자들에게 글을 띄웠다.

우리는 김진숙과 그 동료들을 구할 수 있다는, 가장 악독한 이 시대의 질병, 정리해고와 비정규직화로부터 우리와 우리들의 이웃들을 지킬 수 있다는 용기와 꿈을 세우고 앞으로 나아갈 것입니다. 많은 분들이 4차 희망버스에 대해서 묻습니다. 지금까지 우리는 세 차례의 희망버스를 통해 한진중공업 정리해고 문제에 대한 우리의 의지를 확고하게 보였습니다. 이제는 정부가 대답할 차례입니다.

11:00

부산에서 네 대의 버스가 준비됐다. 부산교대 앞에 사람들이 모였다. 노동운동가, 대학생, 주부, 자영업자, 교수, 비정규직 노동자 등 다양한 사람들이 서울행 전세버스에 몸을 실었다. 희망버스 4호차에는 트위터와 인터넷 등을 통해 탑승권을 구매한 시민 40명이 탔다. 부산 사람들이 희망버스를 타는 건 처음이었다. 전국 각지에서 버스를 타고 부산으로 내려오면서 사람들은 어떤 이야기를 나눴을까, 그 긴 시간 동안 무엇을 했을까 늘 궁금했다.

버스에서 처음 만난 시민들은 서먹했다. 하지만 사회자가 나서서 마이크를 돌려가며 "니 와 가노?"라고 묻기 시작하자 곧 분위기가 달아올랐다.

"남편이 혼자 못 가겠다고 해서 따라왔다"는 주부의 말에는 까르르 웃음이 터졌지만, "김주익 열사의 장례식 때 펑펑 울고 나서 더 이상 울고 싶지 않아서 왔다"는 다른 주부의 말에 버스 안이 숙연해졌다. 어떤 이는 기타를 치며 노래를 불렀고, 또 다른 이는 시를 읊었다. 추석맞이 벌초객들로 고속도로가 붐벼 서울까지 6시간 가까이 걸렸지만, 지루할 새가 없었다. 드디어 서울 청계광장에 도착했다.

청계광장에는 일찍부터 많은 시민들이 나와 행사 시작을 기다리고 있었다. 옥빛 작업복을 입고 나온 한진중공업 해고노동자들도 분주하다. 박태준은 7월부터 상경투쟁을 진행하며 서울에서 4차 희망버스를 맞이할 준비도 함께했다. 그는 희망버스 참가자들을 위해 트위터와 전화기로 발 빠르게 그들의 행진을 안내했다.

사실상 저는 희망버스를 한 번도 못 봤어요. 1차는 공장 안에 있어서 못 봤고, 2차는 차벽에 막혀서 못 봤고, 3차부터는 상황실을 맡았어요. 전체 상황을 보기 위해 최대한의 모니터를 갖다 놓고, 실시간 중계하는 인터넷 방송을 다 켰어요. 여기서 경찰이 막으면, 저기로 돌아가라든지, 아니면 버티고 있으라고 트위터

로 알려주는 역할을 했습니다. / 박태준

  4차 희망버스는 서울 광화문에서 만민공동회를 시작으로 김진숙의 영상 발언과 쌍용자동차 해고노동자, 비정규직노동자들이 참여해 자유발언을 할 예정이었다. 그러나 경찰은 광화문 사거리의 집회신고를 받아들이지 않았고, 다음 날 일정으로 예정되어 있는 인왕산 희망산행도 통제할 것이라 했다. 평화로운 연대를 실천하고자 하는 희망버스를 경찰이 무조건 불허하고 막아나섰다. 그렇다고 참가자들이 가만히 물러날 수는 없었다. 막힌 광화문을 지나쳐 청계광장 일대에 자리를 잡았다.

16:00

  경찰과 시민들 사이에 한 차례 충돌이 벌어졌다. 경찰은 '무대가 광화문을 향하고 있으면 안 된다'며 청계광장의 행사무대를 제지하고 나섰다. 광화문을 등지고 청계광장에 무대를 쌓았다. 전국에서 모인 5,000명의 시민들이 다닥다닥 붙어 앉았다. 쌍용자동차 노동자들이 보였다. 발레오공조코리아, 콜트콜텍 노동자들도 달려왔다.

17:00

  다리가 불편해 부축을 받으며 무대에 오른 백기완 선생의 여는 인사로 본격적인 판이 시작되었다.

여러분, 희망버스 싸움이 시작된 지 벌써 네 번째입니다. 우리가 모인 건 뭐 세상을 뒤엎자는 것도 아닙니다. 김진숙이를 살려내서 정리해고 없애고 비정규직 없애자 이런 얘기에요. 무슨 말이냐, 경제의 주인은 돈, 자본이 아니라 노동자거든요! 아무리 자본주의 경제라고 하지만, 경제의 주인은 독점자본이 아니라 일하는 노동자인데, 그 노동자의 뿌리를 뽑아서 정리해고, 비정규직, 이건 뭐예요? 이 세상의 주인은 노동자인 것을 보여줄라고 희망버스 타고 오는 거예요. / 백기완

쌍용자동차 대량해고 이후 열다섯 명이 죽었다. 더 이상의 죽음을 막아야 한다. 희망버스 참가자들이 비정규직과 정리해고 없는 세상을 함께 만들어달라. / 김정우 금속노조 쌍용자동차지회 지회장

조남호 한진중공업 회장이 국회에 출석해 머리를 조아렸는데 뭔가 잘못했다고 생각해 머리를 조아린 것인지, 자신을 비호해주는 이명박 정부에 고마워서 조아린 것인지 모르겠다. 이명박 정부는 한진중공업 해고 문제 해결에 적극 나서라! / 전기원

1차, 2차, 3차 부산에 많은 희망을 주고 가셔서 감사했습니다. 희망엽서와 희망양말을 준비해서 접대를 했었는데요, 오늘은 저희가 서울로 왔습니다. 그래서 한번 웃겨드리려고 아기엄마들이

집 앞에 있는 공원에서 연습을 했습니다. 조남호라는, 우리와 싸우고 있는 상대를 만나기 위해 1년을 투쟁했습니다. 단식을 하고, 삭발을 하고, 아이들과 길에서 잠을 자면서 조남호가 나올 때까지 기다렸습니다. 그런데 이제 나왔습니다. 그래서 더 신 나게 한번 싸워보려고 합니다. 여러분과 신 나게 함께할 겁니다. 저희 아기엄마들 몸속에 숨어 있는 댄스의 기운을 불러일으키느라 힘들었습니다. 어설프지만 예쁘게 봐주시고요. 저희 공연 시작하겠습니다. / 도경정

한진중공업 가족들이 무대에서 '처진 달팽이'가 부른 노래 〈압구정 날라리〉에 맞춰 그간 연습한 댄스 실력을 마음껏 뽐냈다. 공연을 바라보는 남편들의 표정은 미소로 가득했다. 관객들도 자리에서 엉덩이를 들썩거릴 정도로 신 나는 무대였다. 대오에서는 앵콜이 터져 나왔다.

한진중공업 정리해고에 맞선 시민들의 연대는 바다 건너에도 이름을 떨쳤다. 일본의 시민노조 '나까마 유니온' 이대쿠보 케이치 위원장은 희망버스를 보며 아름다운 충격을 받았다.

일반 시민들이 이렇게 한진중공업 해고 철회를 위해 싸워가는 게 정말 대단합니다. 희망버스는 일본에도 큰 영향을 끼치고 있어요. 일본에서도 이런 시민운동을 만들어보고 싶어요. / 이대쿠보 케이치

결혼한 지 8시간이 지난 신혼부부도 희망버스에 참가했다. 이들 부부의 소식이 춘천 MBC 박대웅 기자의 트위터로 퍼지며 희망버스 기획단에 전해졌다.

"저희는 결혼한 지 8시간이 지난 따끈따끈한 신혼부부입니다. 2차 희망버스를 타고 부산에 내려간 적이 있었는데 그 기억을 잊지 못해서 다시 이 자리에 오게 되었습니다. 실은 저희가 먼저 결혼날짜를 잡았습니다. 그 이후 4차 희망버스 날짜가 잡힌 거구요. 신혼여행은 제주 올레길을 걸으면서 강정마을에 도착해 그분들을 응원하려고 합니다. 그런데 이걸 트위터로 올렸더니 많은 분들이 축하해주셨어요. 행복한 사회를 만들기 위한 주춧돌이 되는 희망의 부부가 될 수 있도록 노력하겠습니다."

어린이 도서관을 운영하는 신부와 농사를 짓는 신랑은 신혼의 첫발을 희망버스와 함께 내디뎠다.

시민들은 문화제를 마치고 거리행진을 시작했다. "정리해고 철회하라!"를 연신 외치며 청계천으로 내려와 독립공원으로 향했다. 경찰병력이 막아섰지만, 한꺼번에 희망버스 참가자들이 계단을 올라가자 끝내 철수할 수밖에 없었다. 청계천 인도로 올라서는 시민들과 이를 저지하려는 경찰들 사이에 몸싸움이 일었다. 3,000여 명의 시민들은 을지로 방향의 차로를 점거한 채 행진을 시작했다. 경찰들은 뒤따라 허겁지겁 방어벽을 치기 시작했다. 하지만 시민들 역시 삼삼오오 대오를 변신하며 물 흐르듯 방향을 선회하여 행진을 이어갔다.

2011년 8월 28일 독립공원에서 돗자리를 깔고 노숙을 한 희망버스 참가자들은 다음날 새벽 6시, 인왕산과 안산으로 향했다. 밤새 난장을 즐기느라 눈꺼풀은 무겁고 숨이 가빠왔다. 저만치 인왕산 정상이 한눈에 다가왔다. 먼저 도착한 시민들이 햇살을 등지고 이제 막 올라온 시민들을 반겼다. 그들의 환한 웃음 뒤로 아침 햇살이 빛났다.

'정리해고 철회'라고 커다랗게 인쇄된 대형 현수막을 청와대가 보이는 곳에서 기습적으로 펼치기로 했다. 시민들은 기차바위 능선에서 현수막을 재빠르게 펼쳤다. 거센 바람에 현수막을 든 시민이 휘청거렸다. 건너편에 청와대가 보였다.

3분이 지나자, 저만치서 경찰이 뛰어오기 시작했다. 시민들은 재빠르게 인왕산을 내려왔다. 경찰은 10여 개 등산로 입구에 27개 중대 2,000여 명의 병력을 풀어 불심검문을 벌였지만 시민들은 경찰을 따돌리고 인왕산 정상 등반에 성공했다.[14] 산에서 내려온 한 대학생이 기쁜 얼굴로 말했다.

"솔직히 많이 힘들었습니다. 어제 많이 걷고 밤새고 그래서 힘들었습니다. 계단도 정말 많고 팔다리에 힘도 잘 들어가지 않았습니다. 그래도 도착지에 현수막을 달고 경치 속에서 그 구호들을 보니까, 전국 곳곳에서 투쟁하고 있는 현장과 노동자들이 생각났습니다. 저희는 그 곳에서 수많은 구호를 외쳤습니다. '정리해고 철회

---

[14] 허재현·박태우, 〈한겨레〉, "'희망 버스' 열기 청와대 옆 인왕산으로", 2011.8.28.

하라', '비정규직 철폐하라' 그 수많은 구호들이 산꼭대기의 바람을 타고 전국의 노동자들에게 퍼져나가길 바랬습니다."

4차 희망버스에 참여한 부산 시민들은 이후 '부산 희망버스 모임'을 만들었다. 최고운은 각 지역에서 저마다 버스를 대절해 함께 희망버스를 타고 내려오는데, 부산 시민들은 각자 영도로 모였다가 뿔뿔이 흩어지던 모습이 아쉬웠다.

4차 희망버스가 서울로 정해지면서, 올라가는 차 안에서 각자에게 희망버스는 어떤 의미인지, 어떻게 참석하게 되었는지 많은 이야기를 나눴어요. 좋더라고요. 그렇게 1박 2일의 동행이 끝난 뒤 우리도 모여보자라는 생각을 동시에 가졌던 거 같아요. 그래서 5차, 6차 희망버스 이야기를 계속 나눌 수 있는 부산의 희망버스 모임을 만들어보자는 요구가 생겼죠. / 최고운

살아서 내려와요

2011년 9월 6일 9월 3일, 전태일의 어머니이자 노동자의 어머니로 불리던 이소선 여사가 별세했다. 2년 전, 솥밭산을 찾아 열사들의 묘역을 어루만지며 노동자들을 위로하던 이소선이었다.

이소선은 생전에 김진숙을 무척이나 걱정하며 희망버스에 오르려고 했다. 하지만 다리가 편찮아 버스를 타지 못했고, 영상으로 김진숙의 안부를 물었다. 태준식 다큐멘터리 감독이 이소선의 목소리를 영상으로 기록했다.

그만큼 올라가서 했으면 아는 사람은 알았고 고생할 만큼 하고. 처음에 올라가서 위장이 나빠지고, 낮에는 고구마 하나씩 먹고 저녁에는 죽 먹고 있다는데. 겨우 생명만 붙어갖고 있는데. 그러다가 아무도, 사람 한 명도 없고 못 일어나면 죽는 거 아니냐고. 그러다가 그 사람이 어떤 생각으로 올라갔다는 것도 알고,

안 내려오고 있다는 것도 아는데……. 내가 태일이 엄마로서 (김진숙이) 정말 저러다 죽으면 어떻게 되나. 그래서 밤에는 잠을 못 자고 생각을 해. 어떻게 되었든지 내려오게 만들어야 되는데……. 누가 저 사람을 내려오게 만들 건가? 사람이 살아서 일을 같이 해야지, 죽어선 아무 소용없어. 일가친척, 형제, 부모 그 심경이 얼마나 지금 잠 못 자고 피 마르고 있는지 생각해서. 모든 걸 넓게 생각해서 내려와서 같이 했으면 좋겠다고……. 내려와야 된다고. 제발 내려왔으면 좋겠다고……. 인제 내려와요. 이리 내려와……. 주물러주는 사람도 없고 옆에서 말해주는 사람도 없으면. 홀로 너무 쓸쓸하고 괴롭다, 죽는 것이 편하겠다, 그리 생각하면 죽어지니까……. 제발 죽지 말고 내려와서 같이 해. 내 소원이야. 진숙 씨 내 말 듣고 내려와요! / 이소선

9월 6일, '노동자의 어머니' 이소선이 영도로 출발했다. 서울대병원 장례식장을 출발한 고인의 영정은 저녁에야 영도에 도착했다. 김진숙은 이 소식에 하염없이 눈물을 흘렸다. 떨리는 목소리가 그대로 전화기를 타고 영도를 울렸다.

어머니가 두 번이나 전화를 걸어 '오시겠다'고 했으나 제가 만류했습니다. 반드시 크레인에서 내려가 뵙겠다고 했는데 이렇게 가시니 너무나 죄송합니다. 자신의 안위보다 늘 노동자들의 삶에 감사드리는 삶을 사신 어머니가 너무나 그립습니

다. / 김진숙

영정 속 이소선은 희망버스 시민들과 함께 한진중공업 해고 노동자들을 만나려고 정문으로 향했다. 사측 용역은 이소선을 가로막았다. 함께 온 정동영이 "출입을 허가받았다"며 보관하고 있던 문자메시지를 내밀었다. 한진중공업 고위 관계자에게서 온 메시지에는 "출입을 허가해주라는 지시사항을 이사장께 전화해놨습니다"라고 적혀 있었다. 그러나 용역들은 끝내 문을 열지 않았다.

"어머니가 가신다, 영정사진을 막지 말라."

"너희가 사람이라면 비켜달라."

시민들의 눈물 젖은 호소가 터져 나왔지만 굳게 닫힌 문은 말없이 버티고만 있었다.

"살아서 내려와라!"

시민들은 이소선의 뜻을 전하려는 듯 크레인을 올려다보며 목 놓아 외쳤다.

회사는 국회 청문회 이후 복구했던 크레인 전기 공급을 이날 다시 끊어버렸다. 유난히 까만 밤하늘 속 85호 크레인에는 노랗고 작은 불빛이 한참을 동그란 원을 그렸다. 크레인 위에서 맞는 244일째 밤이었다.

영도에 뜬 한가위 대보름달

2011년 9월 10일 9월 10일, 85호 크레인 위 사수대들은 결국 그렇게 추석을 맞이했다. 해고노동자들과 가대위는 크레인 밑에서 차례를 지내기로 했다. 차례 음식도 함께 준비했다.

서면에서 식당 하는 사장님, 주방장님도 오셔서 차례 음식을 조합원들하고 같이했고, 명절이고 휴일이지만 연대하러 오신 많은 분들과 윷놀이도 하고, 제기차기도 함께하면서 명절을 보냈다. 어떻게 보면 집에서 보내는 명절보다 외롭지 않고 재미있게 보내는 거 같다. / 도경정

사실 해고노동자와 그의 가족들은 지쳐 있었다. 조남호가 청문회에 나섰지만, 해결 의지를 조금도 보이지 않았다. 조합원들은 또다시 익숙한 분노로 똑같은 하루를 날마다 견뎌야 했다. 더구

나 채길용 집행부는 총회를 열어서 한 달 안에 사측과 어떻게든 합의를 할 기색이었다. 회사 측도 국정조사가 닥치기 전에 무마하려는 의도가 보였다. 해고노동자들의 '원직복직'이라는 단어는 그 어떤 협상안에도 없었다. 대충 합의보고 종지부를 찍으려는 건 아닌지 불안하기만 했다. 이 와중에 채길용은 9월 16일 '임기 한 달 연장을 위한 총회'를 계획하고 있었다. 산 너머 산이었다.

답답한 마음에 85호 크레인을 올려다본다. 김진숙이 크레인 위에 있는 게 익숙해 보인다. 신동순의 목숨을 건 단식도 하루하루 무심하게 흘러가고 있다. 많은 사람들이 연대의 마음과 열정을 담아 함께하고 있지만, 결국엔 노동자들의 힘으로 해결해야 한다는 것을 알고 있다. 이제는 이 투쟁에서 '무엇을 먼저 지켜내야 하는가'를 결정해야 할 때다.

박성호, 박영제, 신동순, 정홍형은 85호 크레인 중간에서 추석을 맞이했다. 해고노동자 가족들은 며칠 전부터 정투위 사무실에 머물렀다. 그들은 이런 상황에서 일가친척을 만나고 싶지 않았다. 투쟁에서 승리하면 그때 웃으며 명절 쇠러 가자고 아이의 눈을 바라보며 애써 웃었다. 해고자 가족들은 85호 크레인이 바라보이는 조선소 담장 너머 신도브래뉴 아파트 상가 앞에 차례상을 마련하고 절을 올렸다.

해고는 단절을 의미한다. 달력은 더 이상 다음 장으로 넘어가지 못하고 시계의 분침은 물론 초침마저도 멈춘다. 더불어 사람 관계도 멈춘다. 그 사이에는 두꺼운 담이 쌓인다. 담장 너머에 차

려진 차례상이 말하고 있다. 차례상을 바라보는 사수대의 마음은 어땠을까? 조상의 자리에 서 있는 자신들의 삶은 이미 이승의 삶이 아닐지 모른다. 해고는 '살아 있음'을 멈추게 했다. 함께 무릎을 조아리고 절을 할 수도 없고, 함께 밥 한 술 나누지도 못한다. 손을 뻗으면 닿을 듯한 곳에 있는 딸을 물끄러미 바라보는 박영제의 마음이 무너져 내렸다.

박영제의 두 딸이 아내 강갑례와 함께 85호 크레인 앞에 찾아왔다. 강갑례는 남편이 크레인에 올라간 뒤로 날마다 영도를 찾았다. 할 수 있는 일은 하염없이 지켜보는 것뿐이지만, 그래야 숨이라도 쉴 수 있다. 보름 뒤면 결혼기념일이다. 가족이 둘러앉아 따뜻한 밥 한 끼가 먹고 싶다는 마음이 간절했다.

4차 희망버스 때 TV 뉴스를 통해 한진중공업노동조합 깃발이 펄럭이는 걸 봤는데, 거기 마땅히 지회장이 앞장서야 함에도 그렇지 못한 현실이 화가 났어요. 5차 희망버스가 출발할 거라는 이야기를 들었는데 지금까지의 연대만도 고마워요. 더 어려운 사업장에 희망버스가 가야 해요. 이제 한진은 한진 자체의 힘으로 싸워야 해요. 아무리 연대를 많이 와도 내부 힘이 없으면 거품이 될 수밖에 없어요. 벌써 해고 생활 몇 달짼가요? 더 치열하게 현 집행부와 회사 측을 상대로 싸웠으면 좋겠어요.[15] / 강갑례

박영제는 1986년에 김진숙과 함께 해고됐다. 쥐똥이 섞여 나

오는 도시락 거부 투쟁을 벌이고 유인물을 만들어 뿌려서 회사 눈 밖에 난 것이다. 그러다 20년 만인 2006년에 복직했다. 스물여덟 청춘이었던 사내는 쉰을 한 해 앞두고서야 현장으로 돌아왔다. 그리고 4년 뒤, 다시 해고 통보를 받았다.

함께 해고된 이들 가운데 김진숙만 끝내 복직하지 못했고 그것이 내내 박영제의 마음에 걸렸다. 박영제는 사수대 네 명 중 맏형으로 농성 수칙을 철저히 준수하라고 동생들을 다그쳤다.

1991년 2월 7일, 105미터 골리앗 크레인 위에 50명의 대우조선 노동자가 올라갔다. 이틀 뒤 전국의 노동자들이 지지성명서를 전달하러 갔다. 돌아오는 길, 박창수 위원장이 연행됐고 3개월 뒤 의문사했다. 회사는 처음 들어선 민주노조 위원장이 죽자 집행부 간부들을 해고했다. 박성호는 그때 스물아홉의 나이로 해고당한 뒤 '박창수 위원장 의문사 진상규명'을 위해 젊은 날을 바쳤다. 2003년에는 조남호의 집 앞에서 싸울 거라고 짐 보따리 싸서 서울로 간 지 20일 만에 김주익 지회장 장례를 치르러 다시 부산으로 와야 했다. 친한 친구를 잃고서야 복직이 되었다. 그리고 7년 뒤 다시 해고통지서를 받았다.

정흥형은 1989년 노동운동에 첫발을 내디뎠을 때 김진숙을 만났다. 당시 김진숙은 부산노동자연합 의장이었다. 정흥형은 조직부장을 하며 김진숙과 인연을 맺었다. 그는 "아이들이 많이

---

15) 용석록, 〈참세상〉, "한진중 추석날 풍경, 정투위 합동차례 지내", 2011.9.14.

철회
농성
차

ⓒ 정택용

보고 싶지만 김 지도위원이 내려올 때까지 내려가지 않겠다"라는 결의로 크레인에 올랐다.

신동순은 8월 15일부터 크레인에서 단식을 시작했다. 그는 1980년대 현대중공업에서 일하다가, 1995년에 한진중공업에 입사했다. 그에게 85호 크레인은 더 이상 누군가가 죽어 나가선 안 되는 곳이었다. 그는 크레인 위에 올라가 있는 김진숙을 보면서 '저 사람을 살려야겠다'는 생각 때문에 밤잠을 설칠 정도로 괴로웠다. 뭐라도 해야 했다.

정투위 동지들, 매일 저녁집회 하잖아요. 집회 끝나면 우리 네 명은 돌아가면서 보초를 서요. 새벽에 잠자고 있는데 눈이 딱 떠지는 거예요. 크레인은 쇠니까 조금만 울려도 소리가 들려요. 소리가 조금이라도 나면 용역들이 후다닥 튀어나오거든요. 그래서 늘 크레인 양쪽에 와이어 줄을 채워놔야 하는데, 어느날 그걸 안 해놓은 거예요. 그 시간에 보초 선 친구하고 그 좁은 공간에서 한참을 실랑이했지. 서로 잘하자는 게 힘들 때도 있었어요. / 신동순

신동순은 희망버스가 다시 올 때까지, 그냥 기다리고만 있을 수는 없었다. 이슈를 만들어야 한다고 생각했다. 그래서 단식을 결심했다. '그냥 나한테 맡겨봐라. 조남호, 돈 가진 놈들이 내가 굶어 죽는 꼴 한번 지켜보게.' 그런 마음으로 하루하루를 버티고 있었다. 9월 말이 되자, 그의 몸무게는 15킬로그램이나 줄어들

었다. 평소에도 좋지 않았던 건강이 단식으로 더욱 악화되자 사수대들은 단식을 중단시켜야 한다고 판단했다. 그러나 설득하기 쉽지 않았다. 그에게 지금 당장 중단하지 않으면 자기가 여기서 뛰어내리겠다고 한 이도 있었다. 네 명의 사수대는 그렇게 싸우고 울다 부둥켜안은 채 밤을 보냈다.

회사는 본관 정면에 "우리 회사는 우리가 살리고 우리가 지킨다"라는 내용의 현수막을 걸었다. 크레인 위 사람들의 음식은 용역들의 손에서 걸러졌다. 심지어 김진숙의 죽을 쇠막대기로 휘휘 젓기도 했다. 밤새 크레인 위 밥줄에는 쪽지가 오고 갔다. 20년지기 노동자들이 허공에서 서로를 위로했다.

중요한 건 소통을 해야 되지 않느냐. 인자 완전히 다 차단하고 올라갔잖아, 김지도가. 자기가 결단을 했기 때문에. 이승과 속세를 끊고 있어서. 소통을 안 하면 안 된다. 소통을 시작했거든, 글로써. 저쪽에서 답변이 오든 안 오든 계속 쪽지를 올려 보냈지. 답변이 올 때도 있고 안 올 때도 있고. 어느 시점에서 소통이 되더라고. 자기 생각도 적고. 이래 되면 (김진숙이) 극단적 선택은 않겠구나. 저들이 자극하지만 않으면 오래는 가는데. 어찌됐든 버티게 할 수 있는 건, 정신적으로도 버텨야 되기 때문에. 정신적인 건 혼자서 안 되거든. '사람이 같이 있다' 요런 것들이 느껴져야 버티는 거거든. 무조건 버티는 게 이긴다. 요런 게 소통이 되면서 무조건 버티자, 같이 버티자. 어찌됐든 버티자……. / 박성호

85호 크레인에도 한가위 대보름달이 떴다. 달빛은 모두에게 넉넉하지 않았다. 누군가에게는 서러움이 한가득 담겨 비추는 듯했다.

가을소풍 가자 / 5차 희망버스

2011년 10월 7일 8월 청문회 이후에도 진전이 보이지 않자, 100여 명의 국회의원들이 한진중공업 국정조사 요구서를 제출했다. 그리고 10월 7일에는 국회 환경노동위원회의 고용노동부 국정감사가 열렸다. 국정감사 증인 출석 요구에 불쾌감을 표시하며 기자회견까지 열었던 조남호와 이재용도 자리했다.

환경노동위원회는 저녁 시간 이후 3시간 동안 비공개 회의를 열고 정리해고 문제 해결을 위한 권고안을 마련했다. 권고안의 주요 내용은 김진숙 고공농성 철회, 정리해고자 94명 1년 내 '재취업', 그리고 그 기간 동안 2,000만 원 이내의 생활비 지원이었다.[16]

자정을 넘은 시각이었다. 이범관(한나라당 국회의원)이 질문했다.

"권고안을 여야가 합의했습니다. 조남호 회장님 어떻게 생각

---

[16] 참여연대, 국정감사 모니터, "2011 시민의 눈으로 평가하는 국정감사".

하십니까?"

잠시 생각에 잠겼던 조남호는 입을 열었다.

"김진숙 씨가 내려오시는 조건으로 일단 권고안을 받아들이겠습니다."

자정 가까이 진행된 합의 과정에서 조남호와 여야 의원들 사이에는 어떤 이야기가 오갔던 것일까? 국회의원 K의 말이다.

밤에 국회에서 여야 간사, 장관, 조남호 이렇게 앉아서 결단하는 과정에서 조남호가 눈물을 흘렸다더군요. 쫀쫀하게 돈도 많은 사람이 돈 10억 가지고 저러나 생각했는데 곰곰이 생각해보니 돈 문제가 아니었던 겁니다. 기간 6개월? 1년 생계비 지원? 그거 가지고 눈물 흘릴 사람이 아니지 않습니까? / 국회의원 K

조남호는 한진중공업그룹의 지주회사인 한진중공업 홀딩스의 회장이다. 한진중공업 홀딩스는 조선뿐만 아니라 건설, 골프장, 에너지 사업에도 손을 뻗치고 있다. 1951년에 조중훈 한진그룹 회장의 둘째 아들로 태어나, 1993년에 한진건설의 전신인 한일개발의 사장이 되었다. 1999년에는 한진건설이 한진중공업에 흡수 합병되면서 한진중공업 대표이사 부회장으로 취임했고, 4년 뒤 회장직을 맡았다. 건설사 출신의 조남호는 사업장의 분위기를 급속도로 바꿔놓았다.

회사는 2006년 도크제를 시행했다. 도크제란 빠른 시간 안에 배를 건조시킬 수 있도록 도크별로 노동자를 나누는 시스템을 말한다. 회사는 효율적인 공정체계라고 주장했다. 관리자들은 배를 더 빨리 건조시키기 위해 노동자들을 감시했고 각 도크로 나뉜 노동자들은 서로를 견제하기 시작했다. 이때부터 도크를 넘나들며 일손을 돕던 조선 노동자들의 현장 문화가 사라졌다.

건설 애들이 와서 한다는 게 도크제였어요. 어떤 조선소든 도크제가 될 수 없어요. 도크제로 하려면 다 나뉘어야 돼요. 조선소 일은 두세 명이 하는 게 있고 여럿이 모여서 하는 게 있어요. 도크제가 되면 도크 지원이 안 돼요. 경쟁을 붙이려고 한 거니깐 다른 데다 도와달라 말을 못하는 거예요. 예전에는 인원이 필요할 때 다른 데서 땡겨 쓰고 했단 말이에요. 그런데 도크제는 나뉘져 있기 때문에 그렇게 안 되는 거예요. 도크제 하지 말자, 일이 안 된다, 그렇게 이야기를 했는데 안 들어요. 배에 대해 알지도 못하는 사람들이 와서 집 분위기가 어수선해지는 거예요. 결과적으로 그 안에서 일하는 사람들 간에 사사로운 시비들이 매일 일어나는 거죠. / 허석현

당시 한진중공업의 영업 마진율은 15%로, 다른 조선소의 3배였다. 10년간 순이익은 4,000억 원이 넘고, 당기순이익은 512억 원으로 꽤 잘나가는 조선소였다. 조남호는 취임하자마자 노동자

들을 자르고 회사 규모를 줄여나갔다. 노동자를 해고하면서도 임원진의 임금을 인상하고 주식배당금을 지급했다. 실제 지주회사 체제로 전환된 2007년 이후 그는 매년 수십억 원의 배당금을 챙겨왔다. 2008년 82억, 2009년 34억, 2010년 28억, 2011년 34억 등 총 178억 원이다.

2009년 한진중공업 신년사에서 조남호는 '노조 없는 세상을 만들자'고 했다. 임원들에게 '2003년도의 치욕을 다 돌려받겠다'고 말한 일화는 이미 회사에서 유명하다. 노동조합을 절대 인정 못 하는 그에게 정치권이 노조와 협상하라고 압박을 하니 어쩔 수 없이 노조를 인정하고 얼굴을 마주해야 하는 것이다. 조남호가 흘린 눈물은 노조와의 대결에서 졌다는 패배감, 거기서 오는 분노의 눈물이었다. 한진중공업 노동자가 흘린 눈물과는 빛깔도, 농도도 달랐다.

2011년 10월 8일 국정감사 다음 날인 10월 8일, 5차 희망버스가 시동을 걸었다. 희망버스가 도착하기 전인 오후 3시에 금속노조 간부들과 정투위 조합원들이 만났다. 국회 권고안에 따라 노사 교섭안을 만들기 위해서였다. 국회의원들은 다음 주에 조남호와 박상철(신임 금속노조 위원장)이 만나 협상하라고 제안했다. 50여 명의 조합원 얼굴은 어두웠다. 언론은 "한진중공업 사태 권고안 조남호 회장 수용"이라고 보도하며, 이미 이 권고안으로 모든 문제가 해결된 것처럼 발표했다. 하지만 정리해고자들의 입장이 반영되지 않은 권고안이었다. 잠시 침묵이 흘렀다. 먼저 원상택(가명)이 말문을 열었고, 이어 조합원들의 의견이 이어졌다.

권고안의 주체는 저희입니다. 금속노조입니다. 우리라는 말입니다. 국회와 조남호가 만났다고 해서 확정된 거 아닙니다. 희망버스분들이 권고안 받아줄라고 같이 싸운 거 아닙니다. 무조건 금속노조 주관 하에 정투위 중심으로 안을 만들어서 우리 원칙을 단순명료하게 만들어서 가야 합니다. 우리의 원칙은 정리해고 철회를 해달라는 겁니다. / 원상택

벌써 조남호는 세 번을 어겼습니다. 네 번, 다섯 번도 어길 수 있습니다. 이왕 교섭 들어간 거 더 할 수 있습니다. 우리의 최고 희망은 '원직 복직'입니다. 조금만 더 밀어붙이면 할 수 있다고 생각합니다. 이렇게 전국에서 연대를 하니 이명박이가 발버둥을 치고 있습니다. 곧 6차 희망버스 또 올 겁니다. 조남호는 곧 손들 수 있단 말입니다. 우리 마음이 이렇다는 거 인지 좀 해주시고, 그분들도 알아주셨으면 좋겠습니다. / 유정근(가명)

앞으로 지회장 선거 잘 치르고, 지회장 중심으로, 우리 힘으로 싸워 이겨야 합니다. 3년 가까이 끌고 온 이 싸움을 국회의원 자

기들 성과물로 가져갈라는 그 한 가지 안에 전체가 매몰되어선 안 됩니다. / 최우성(가명)

우리가 처음에 싸울 때 '부당해고'라는 말이 먼저 나오고, '정리해고 철회'라는 구호가 나왔다는 걸 기억해야 합니다. 그 와중에도 채길용이 배신을 때리고 하면서도 끝까지 남아 있는 사람들이 지금 여기 있는 겁니다. 아무튼 권고안 1번 재고용, 그게 내용상은 복직이라고 하는데, 그럼 '복직'이라고 하지 왜 '재취업'이라고 합니까? 우리는 배제시키고, 우리 의견도 안 물어보고……. 다들 아침뉴스 봤습니까? 우리가 이 권고안 안 받아들이면 전부 우리한테 욕하는 분위기입니다. 언론은 우리를 가만 안 놔둘 겁니다. / 원상택

조합원들의 의견을 귀 기울여 듣고 있던 박상철이 입을 열었다.

내일 저녁부터 월요일까지 충분히 논의하시란 말입니다. 애정을 가지고, 현재 상황을 잘 보고 판단하시라고요. 이런저런 것들을 면밀하게 주동적으로 판단하시란 말씀입니다. 그리고 나서 그 정리된 안으로 '금속노조 박상철 위원장 들어가!' 하면 그때 들어가겠습니다. 분명히 말씀드립니다. 저하고 금속노조 부산양산지부 지부장님하고 둘이 들어갑니다. 정투위 동지들 안을 가지고 갑니다. / 박상철

5차 희망버스 참가자들이 부산에 도착했다. 5차 희망버스는 영도로 '가을소풍 가자'였다.

크레인 농성 276일차, 길어진 투쟁에 영도의 공기는 무겁게 가라앉았다. 그래서 오히려 5차 희망버스는 가볍고 신나게 소풍가는 마음으로 준비했다. 부산국제영화제가 열리는 기간과 맞물려 영화인들의 적극적인 지지선언과 크레인 방문이 이어졌다. 축제에 참여하는 외국인들에게 영도의 상황을 알리기 위해 시민들은 5개 국어로 된 전단지를 배포했다. 인디밴드는 남포동 곳곳에서 게릴라 공연을 선보였고, 대학생들은 '보이는 라디오, 희망FM'을 즉석에서 진행했다. 예술가들은 소금꽃 작업실을 열었고, 시민들은 악기를 들고 부산역에서 영도조선소까지 이어지는 희망의 퍼레이드를 준비했다.

18:00

희망버스보다 전경들이 먼저 도착해 부산역 주위를 빽빽하게 에워쌌다. 광장에는 '한진중공업 사태 외부세력개입 반대 부산 범시민연합' 현수막을 걸고 대한민국 어버이연합, 자유총연맹 등 보수단체 회원 400여 명이 먼저 집회를 열고 있었다. 70대 노인들은 군복을 입고 '투쟁선포!' 머리띠를 둘렀다. 한 손에는 태극기, 다른 손에는 '절망버스 취소하라'라고 적힌 피켓을 들었다. 한 노인이 태극기를 흔들며, 희망버스 참가자로 보이는 시민에게 바싹 다가갔다.

"지금 어디 가냐? 영도조선소는 안 돼, 절대 가지마!"

희망버스는 행선지를 변경했다. 트위터와 문자메시지로 꼬리를 물고 전해졌다.

'삼삼오오 흩어져서 남포동 PIFF광장으로 모이세요.'

부산에 도착한 희망버스 참가자들은 빠르게 움직였다. 하지만 경찰들이 길을 막아섰다.

"야, 이놈들아!"

백기완 선생이 안간힘을 내어 방패를 밀어보지만 아픈 다리를 견디지 못하고 길바닥에 주저앉았다. 그러다 얼마간 시간이 흐르자 경찰들이 길을 트기 시작했다. 이미 참가자들이 삼삼오오 골목으로 빠져나갔기 때문이다. 때로는 차도로 뛰어들어 빠르게 달려갔다.

"비정규직 철회하라!"

"뛰어라!"

경찰들이 앞을 막아서면, 옆으로 가면 된다. 옆을 막으면, 뒤로 가면 된다. 옥빛 작업복의 한진중공업 해고노동자들이 선두에서 길을 만들었다.

남포동 PIFF광장에서 축제를 즐기고 있는 시민들 사이를 비집고 경찰들이 광장에 꽉 들어섰다. 본격적인 퍼레이드를 즐기고자 했던 희망버스 참가자들은 광장 곳곳에서 고립됐다.

"폭력경찰 물러가라! 폭력경찰 물러가라!"

영화제를 보러온 수많은 시민들이 공권력을 지켜보고 있어서

일까? 머지않아 경찰들이 조금씩 뒤로 밀려나기 시작했다. 광장은 희망버스 참가자들의 경쾌한 악기 소리와 문화공연으로 채워졌다. 오후 8시 남포동 일대를 도는 희망퍼레이드가 펼쳐졌다.

백기완 선생은 노래를 한 곡 준비해왔다.

"저 크레인 위에 올라가 있는 김진숙과 동지들을 위해서, 그들의 마음과 몸의 건강을 비는 뜻에서 노래 한 곡 할까 하는데 들어줄래? 내가 진짜 예술적인 노래 한 곡 할게요."

엄마가 섬 그늘에 굴 따러 가면
아기는 혼자 남아 집을 보다가
바다가 불러주는 자장노래에
팔 베고 스르르 잠이 듭니다
– 동요 〈섬집 아기〉

백기완 선생이 부른 섬집 아기는 김진숙이었을 게다. 85호 크레인 곁에 가지 못한 백 선생이 멀리서나마 김진숙과 사수대의 지친 몸에 팔베개를 해주었다. 굵은 눈물이 남포동 보도블럭을 적셨다.

23:00

희망퍼레이드 행렬은 남포동을 지나 영도대교로 향했다. 경찰은 더 이상 길을 내주지 않았다. 캡사이신 물대포와 최루액이 시민들을 조준하며 발사됐다. 이 과정에서 행진대열 맨 앞에 있던 인터넷TV 생방송 제작진과 대학생 등 59명이 현장에서 연행됐다. 연행자 가운데에는 정투위 조합원 19명도 있었다. 조합원들이 경찰에게 따졌다.

"먹고살자고 하는 짓인데, 우리를 왜 잡아? 반란을 일으켰냐. 대체 뭘 잘못했냐?"

"경찰들도 하루아침에 정리해고 당해봐야 지랄병 안 하지. 아니, 사람들이 얼마나 억울하고 힘들면 길거리 앉아서 이러겠어? 어휴, 모르겠다. 다 잡아가라, 다 잡아가."

결국, 5차 희망버스는 크레인으로 가지 못하고, 광복로 남포프라자 앞에서 밤샘문화제를 진행했다.

영도대교에서 시위대에게 오물을 투척할 계획이었던 어버이연합 회원들은 희망버스 대열이 남포동에서 저지당해 도착하지 않자 자진 해산했다.

어김없이 새벽은 다가온다. 아니, 새벽은 절로 다가오는 것이 아닐 거다. 사람들의 발자국 소리, 신문을 자전거에 싣고 새벽 공기를 가르고 달리는 어떤 희망퇴직자의 가쁜 숨소리, 빗자루를 쉼 없이 움직이는 미화노동자의 허연 입김, 작업복 담긴 배낭을 지고 인력시장을 어슬렁거리는 주름진 일용 노동자의 한숨 소리, 그리고 85호 크레인 위에서 희망을 가꾸는 누군가의 정성이 한 발짝 한 발짝 새벽 곁으로 다가가게 하는 건 아닐까. 영도의 깊은 밤도 어느덧 새벽 발자국에 눈을 뜨기 시작한다. 서울서 내려온 할아버지의 팔베개에 고개를 누이고 잠들었던 섬집 아기들도 기지개를 켠다.

제3부

심판의 날

2011년 10월 14일 노조 집행부 선거가 돌아왔다. 채길용은 선거가 있기 한 달 전부터 조합원 총회를 열어 임기 연장을 호소하려 했으나 노동자들은 외면했다.

지회장 후보로 정투위 공동대표를 맡은 차해도가 나섰다. 또한 채길용과 수석부지회장이었던 김상욱, 총 세 명이 후보 등록을 했다.

김상욱은 채길용이 타워크레인에 올랐을 때 수석부지회장직을 내팽개치고 노조를 떠났다. 그러자 회사는 해고자 명단에서 그의 이름을 말끔히 지워주었다. 동료와 노동조합을 버리고 떠난 김상욱이 8개월 후 '한진중공업노조, 민주노총 탈퇴'를 주장하며 선거에 출마한 거다.

탑재부에서 20년간 일해 온 김정균(가명)의 말이다.

채길용 올라가 있을 때 부지회장들 사퇴하고 내려갔어요. 그리고 선거에 지회장 된다고 나왔어요. 서로 간에 의리는 없다고 봐야죠. 나는 살아야겠다, 니는 크레인 올라가라. 그거죠 뭐. 해고자인데 살아나더라고요. 20년 동안 일하는 걸 못 봤는데 갑자기 회사를 살린다고 하는게 참 우스워요. / 김정균

회사도 집행부 선거에 촉각을 곤두세웠다. 10월 7일 국회 환경노동위 권고안을 수용하겠다는 입장을 뒤집고, '새롭게 선출되는 노조 집행부와 협상하겠다'는 입장을 전달했다. 권고안을 중심으로 이어지던 노사 간 대화가 다시 끊겼다. 회사는 '친회사 노조 만들기'에 나섰다. 지회 사무실로는 회사의 노골적인 선거 개입에 대한 제보가 빗발쳤다.

"(파트장인) 직장에게 전화가 와요. ○○○ 후보 찍으라고요."

"누구 뽑으라고 계속 문자를 보내요. 노조 지회장을 뽑는 건지 회사와 선거하는 건지……."

"회사가 딱 보고 흔들릴 것 같은 사람은 마구 흔드는 거예요."

선거 당일은 비가 내렸다. 전체 조합원 809명 가운데 97.1%인 786명이 투표에 참여했다. 정리해고자 94명은 단결의 광장에 들어가지 못했다. 정문 밖에서 후보들의 정견발표를 듣고 투표했다. 오후 5시, 결과가 발표됐다. 득표율 54.5%로 429표를 획득해서 차해도가 지회장에 당선되었다. 김상욱 후보는 31.8%, 채길용 후보는 11.7%를 얻는데 그쳤다. 노동자들은 누가 자신들과

약속을 지키고 싸워왔는지를 분명히 알았다. 누가 약속을 배신했는지도 정확히 기억하고 심판했다.

 많은 비해고자 동지들도 정리해고 사태가 해결되기를 바라셨던 거 같습니다. 해고 동지들이 밖에서 열심히 투쟁하면서 2차, 3차 정리해고를 막을 수 있었다는 현장의 평가가 많습니다. 앞으로 2년 동안 무거운 짐을 지게 됐습니다. 정리해고 사안뿐만 아니라 다른 현안도 많지만 열심히 하겠습니다. 차해도

한나라당은 한진중공업 정리해고 해결하라

ⓒ 정택용

309일, 그리고 다시 1일

....

2011년 11월 10일 11월 10일 오후 1시, 한진중공업지회 조합원들이 총회를 열었다. 정리해고자 94명의 1년 내 재취업과 1인당 2,000만 원의 생계비 지원에 대해 조합원들이 만장일치로 합의했다. 복직이 아닌 재취업 조항에 쉽게 동의할 수 없었지만, 크레인 위에 있는 김진숙과 사수대를 더 그곳에 둘 수가 없었다.

2년 동안 파업을 했어요. 아빠들이 해고 자체를 인정 못 하는데 재취업이라는 말은 해고는 했고 경력직 사원으로 입사를 시켜준다는 거잖아요. 1일차 직원이 되는 거잖아요. 이게 뭐 돈을 떠나서 인정을 못 하는 거죠. 형부 13년, 우리 신랑 9년. 20년 넘게 일하신 분도 있는데 다시 1일로 되니까 자존심이 상하고 이 싸움이 이긴 건지 진 건지 애매해진 거죠. 우리가 왜 그 부분을, 논란도 많았고 아쉬움도 많지만 왜 받아들였냐면 우리의 1순위

는 지도위원님과 사수대의 무사귀환이었어요. 곧 겨울이 올 테고. / 도경정

  오후 3시 27분, 김진숙과 사수대 세 명이 85호 크레인에서 지상으로 내려갈 채비를 시작했다. 크레인 기둥의 오색 바람개비들은 비바람과 먼지로 까맣게 변했다. 그간의 시간을 말해주듯 사수대 조합원들의 수염이 얼굴을 뒤덮었다. 땅을 딛고 있던 노동자들이 크레인 위로 올라가 그들의 묶은 짐을 함께 챙겼다.

  좁다랗고 차가운 기둥 사다리를 따라 정태훈이 크레인에 올랐다. 영상기록을 담당하는 그는 카메라를 들고 309일 만에 김진숙을 만났다. 그는 삼백 날을 '김지도를 지킬 수 있지 않을까'라는 생각으로 한시도 카메라를 놓지 않았다. 35미터 상공에 김진숙이 서 있었다.

  정태훈은 김진숙이 크레인에 오른 날 산소 절단기를 들고 올라갔던 이였다. 그날 이후로 그의 손에는 절단기 대신 카메라가 함께했다.

  "태발아, 마이 보고 잡았다."

  정태훈이 쥔 카메라가 심하게 흔들렸다.

  그 시각 정투위 조합원들과 가대위 식구들이 현수막을 펼쳐 들고 85호 크레인으로 앞으로 걸어왔다. 현수막에는 "진숙이 이모 사랑해요, 끝까지 함께 웃으며 투쟁", "지도위원님 수고 많으셨습니다"라는 글이 알록달록 적혀 있었다.

"한진 동지 여러분, 크레인으로 모두 다 함께 이동하겠습니다."

김진숙 역시 짐 정리를 시작했다. 크레인 조정실, 아니 작고 파란 방이자 하룻밤 숙박비가 100만 원짜리 호텔 스위트룸과 같았던 그곳의 빨랫줄에는 옷가지가 주렁주렁 매달려 있었다. 겨울, 봄, 여름, 가을. 그리고 겨울 길목까지, 거의 1년 동안 몸을 누인 조종실 벽에는 가대위 조카들이 그려준 그림이 정답게 붙어 있었다. 김진숙은 까만 비닐봉지에 휴대폰 충전기를 먼저 집어넣었다. 어쩌면 희망버스를 만든 게 이놈 덕일지도 모른다는 생각이 스쳤을 거다. 그리고는 얼굴에 로션을 챙겨 발랐다. 309일 만에 사람을 마주보는 거니 꼼꼼하게 발랐다. 카메라를 든 정태훈이 농을 건넨다.

"여자긴 여자다. 챙기는데 와이리 오래 걸리노. 좀 더 있다 올걸."

"아, 드라이도 할라 그랬는데……. 아참, 이불 이거 어쩌지? 냄새가 많이 나서……."

"이불은 열사회에 줍시다. 나중에 빨아서 전시합시다."

20분 뒤, 안형백이 짐 싸는 것을 돕기 위해 크레인으로 올라왔다.

"누나, 한 번만 좀 안아보면 안 돼? 내 욕먹어도 좀 안아봐야겠다."

"몰라 이 새끼야. 바쁘다. 시끄러."

대충 웃어넘기려던 김진숙을 향해 안형백이 성큼 다가갔다.

"빨리 와보소, 얼마 만인데……."

와락, 서로를 그야말로 와락 껴안았다.

"고마워요. 어휴."

안형백의 목소리가 떨렸다. 그의 가슴에는 굵은 눈물이 뚝뚝 떨어지고 있었다. 밑에 있는 사람도 위에 있는 사람도 이날을 얼마나 기다렸던가. 김진숙은 형백의 등을 토닥거리며 말한다.

"내가 고맙다 그래, 어이구……. 됐다. 됐다. 내 바쁘다. 짐 싸야 된다!"

안형백은 짐들을 포장하여 하나씩 줄에 묶어 지상으로 내렸다. 작은 봉지마다 시민들이 보내준 선물로 가득하다. 무릎이 꺾이는 고비마다 그 마음들이 있어 무사히 넘어왔다. 기름진 흙에다 방울토마토를 심어 와 크레인 위로 올려 보낸 수녀, 매일 점심마다 죽을 끓여온 주부, 크레파스로 크레인을 그려 보낸 소녀가 있었다.

85호 크레인 밑 옥빛 작업복을 입은 조합원들이 들뜬 얼굴 설렌 가슴으로 고개를 한껏 뒤로 젖히고 크레인을 바라보고 있었다. 마이크를 잡은 금속노조 간부가 재촉을 했다.

"김 지도님! 내려올 준비 되었습니까?"

김진숙은 노랗게 바란 모자를 뒤집어쓰고, 손거울을 보며 마지막으로 매무새를 가다듬었다. 이윽고 어둡고 좁은 계단에 김진숙이 발을 내디뎠다. 309일 전, 이곳을 오르며 만났던 김주익.

그의 얼굴을 품고 계단을 내려왔다. 309일 동안 하루도 거르지 않고 땅으로 내려가는 연습을 하던 그였건만 발을 내딛는 게 무척이나 서툴렀다.

"여기를 309일 만에 내려가는구나."

크레인 중간에 있던 사수대들이 김진숙을 맞았다. 그리고 그들은 비바람을 함께 맞으며 한 시도 쉬지 않고 펄럭이던 한진중공업지회 깃발을 높이 들고 계단을 내려갔다. 한 사람 겨우 들어설 수 있는 좁다란 계단에 깃발을 든 정홍형이 앞장섰다. 뒤이어 김진숙과 사수대인 박성호와 박영제가 뒤를 따랐다. 카메라 플래시가 동시에 터졌다. 땅에 선 조합원들은 영도를 들썩일 정도의 우렁찬 함성을 질렀다.

"수고하셨습니다. 동지들!"

김진숙이 활짝 웃는다.

"사람을 309일 만에 보네요. 동지 여러분들도 고생 많으셨습니다."

그녀가 마지막 남은 계단을 폴짝 뛰어 내렸다. 차해도가 김진숙의 목에 꽃을 걸어주었다. 언론들의 취재 열기로 정투위와 가대위는 그토록 애타게 안고 싶었던 사수대들과 마음껏 인사를 나눌 겨를도 없었다.

김진숙과 사수대는 기자들 틈을 어렵게 빠져나와 백기완 선생에게 머리 조아려 인사했다. 인사를 나누는 와중에도 김진숙은 주위를 두리번거렸다.

"우리 이라는 어디 갔어?"

그의 목소리를 알아챈 노동자가 큰소리로 외쳤다.

"황이라 동지! 황이라 동지! 김지도가 찾는다!"

황이라(민주노총 부산본부 상담부장)는 김진숙을 향해 인파를 뚫고 어렵사리 다가갔다. 309일 동안 크레인 밑에서 하루도 빠지지 않고 음식을 올려다 보낸 이였다. 김진숙은 그 고마움을 이루 다 표현할 수 없어 황이라를 부둥켜안고 울었다.

"고생 많았어. 고생 많았어."

가장 고마운 사람

2012년 2월 7일

"안녕하세요."

김진숙의 힘찬 목소리가 강연장을 울리고도 한참을 맴돌았다. 송경동 시인의 2차 공판이 있던 2월 7일, 같은 시각에 김진숙은 부산대학교 강의실에 있었다. 꽃분홍색 희망버스 수건을 반듯하게 목둘레에 묶고 강단에 올랐다. 크레인에서 내려왔지만 할 일은 더 많아졌다. 해고노동자들이 재취업될 때까지 한시도 마음을 놓을 수 없었고, 희망버스 관련 재판에 넘겨진 시민들과 노동자들의 재판투쟁도 함께 했다. 그리고 이전처럼 사업장이나 대학교에 노동 강의를 나가는 것도 그의 중요한 일과였다.

김진숙이 크레인에서 가장 하고 싶었던 것은 목욕이었다. 뜨거운 물에 5분만이라도, 그것도 욕심이면 한 발만이라도 담가 보는 것이 소원이었다. 크레인에 내려와 바로 병원으로 후송됐다. 목과 허리의 디스크 증세로 오랫동안 병원에서 치료를 받아야 한다는 진단을 받았다. 불면증과 빈혈 증상도 있었다. 재활치료를 받고 퇴원하고서야 목욕탕에 갈 수 있었다. 탕에 발을 넣기도 전에 할머니 네 명이 김진숙을 알아보고 가까이 다가와 말없이 훑어보았다. 김진숙은 서둘러 돌아 나올 수밖에 없었다. 뜨거운 물에 몸을 담그고 싶다는 소원은 미완으로 남았다.

많은 시간이 지났다는 걸 내려와서야 실감했다. 올라갈 때 결혼한 친구가 내려오니 아이를 낳았다. 도경정의 아이 성민이는 올라갈 때 백일이었는데, 내려오니 말을 했다. 성민이는 크레인을 볼 때마다 "진숙이 이모"라고 부르더니, 막상 김진숙이 나타나니 쑥스러운 듯 고개를 돌렸다.

김진숙이 땅에 발을 디딘 지 열흘 만에 한진중공업은 85호 크레인 철거 작업에 들어갔다. 천주교 신자인 조남호는 무당의 이야기를 듣고 85호 크레인 현판을 떼서 바닥에 묻었다. 그 뒤 운전실과 기계실, 마지막 기둥부까지 한 달에 걸쳐 크레인을 해체했다.

이제껏 희망버스 관련자 공판에 한 번도 빠진 적이 없던 김진숙은 강연이 끝나자 서둘러 짐을 챙겨 부산지방법원으로 향했다. 그 시각 301호 법정에 세 명의 사내가 자리했다. 송경동, 정진우(진보신당 비정규노동실장), 박래군(인권재단 사람 상임이사). 이들의 죄목은 희망버스를 기획한 죄였다.

송경동이 모두진술을 했다. 주머니에서 흰 종이를 꺼냈다. 목 디스크로 불편한 몸을 책상 앞으로 바짝 당겨 마이크에 입을 댔다.

"존경하는 재판장님. 모두진술의 기회를 주신 점 감사드립니다. 저희 심경을 한 번쯤은 밝히는 것이 예의일 것 같아 간단하게 준비했습니다. 부산에 한 조선소 크레인 위에서 한 여성노동자가 157일째 고공농성을 하고 있었습니다. 그는 열네 살 때 월사금이 없어 학교를……."

월사금이 없어 학교를 그만둬야 했다는 문장을 읽으며 송경동은 울먹였다. 다행히 다음 말을 다그치는 사람은 없었다.

"열네 살 때 학교를 그만둬야 했던 가난한 소작농의 딸이었습니다. 입학식날 교복이 없던 아이였고, 소가 굶으면 여물을 하러 가야 했던 아이였습니다. 그는 열다섯 살에 부산으로 와서 식모로, 행상으로 떠돌아다녔습니다. 해운대 백사장 아이스크림 장사……."

불우한 시절을 보낸 소녀의 이야기를 읽으며 송경동은 결국 눈물을 터뜨렸다. 모두진술이 잠시 중단됐다. 소맷부리로 눈물을 닦고 호흡을 가다듬었다.

"이 사건은 우리 사회의 노동자, 즉 평범한 사람들의 삶과 엉켜 있습니다. 그 마음을 검찰이나 법을 집행하는 사람들이 알아줬으면 합니다. 희망버스는 보통 사람들이 자신의 돈과 시간을 빼서 어린아이 손을 잡고 부산으로, 자발적으로 모였습니다. 이것은 김진숙 씨 개인의 이야기가 아닙니다. 가난하고 권력이 없는 사람들이 걸어왔던 길에 대한 이야기입니다. 시위꾼으로 간 것이 아니었습니다. 교수, 학생, 농민, 인권운동가, 장애인, 성소

수자들이 함께한 것이었고 그들은 평범한 국민이었습니다. 주동자가 있다면 정규, 비정규 노동자를 헌신짝처럼 버린 조남호 회장일 것입니다. 헌신적으로 움직인 희망버스는 병균 취급을 받을 게 아니라 사회적 백신으로 새롭게 호명되는 것이 맞다고 생각합니다. 사회적 맥락을 보지 않고 단지 도로로 걸었느냐, 야간집회를 했느냐를 따져 법적인 책임만 묻는 것은 옳지 않다고 생각합니다. 부디 법정이 새로운 희망을 주는 아름다운 법정이 되어 주시기를 간절히 소망합니다."

20분에 걸친 송경동의 긴 발언이 끝났다. 방청석에서 박수가 터져 나왔다. 구속 상태였던 송경동과 정진우는 감옥 생활 3개월 만인 2월 9일 보석으로 풀려났다.

김진숙은 송경동을 '가장 고마운 사람'이라고 불렀다. 크레인에서 내려와 병원에 입원해 있을 때였다. 김진숙은 크레인에서 내려온 후에도 쉽게 잠들지 못하고 자주 깼다. 심리적 안정이 필요하다는 진단을 받고 병원에서 연극치료를 받았다. 치료사가 김진숙을 무대 위에 세웠다. 올해 가장 많이 한 동작을 해보라고 했다. 김진숙은 팔을 활짝 벌려 흔들었다. 크레인을 보러 온 사람들에게 건네는 인사였다. 이어 올해 가장 많이 한 말을 해보라고 했다.

"고맙습니다."

김진숙의 목소리가 젖는다.

"가장 고마운 사람은 누구예요?"

치료사의 질문에 김진숙의 눈시울이 붉어진다.

"감옥에……."

김진숙은 말을 끝내지 못하고 운다.

가장 고마운 사람, 송경동. 입에 올리기조차 힘들 정도로 김진숙의 가슴 깊숙이 자리 잡은 이름이다.

유예의 시간

　담장이 높아졌다. 1차 희망버스가 왔다 간 후 회사는 담벼락 위에 뾰족한 철조망을 둘렀다. 김진숙이 크레인에서 내려오자 2.3미터 높이의 담을 6미터로 높였다. 정문 출입구에는 철망이 쳐졌고, 카드출입기가 설치되었다. 재취업 날까지 해고자 신분인 노동자들은 회사에 들어갈 수 없다.

　지들도 답답하니깐 빨리 크레인 정리했잖아요. 답 딱 나오잖아요. 영도조선소 담벼락이 더 높아졌어요. 이제 그 안에서 뭘 하는지도 몰라요. 자본가들이 그런 거예요. 출입문도, 그 전철 타면 한 사람 한 사람 통과하는 시스템 있잖아요. 문도 그렇게 만들어놓고. 모든 게 다 갑갑해요. 저기가 조선소인가, 유치장인가, 깜방인가. 아마 구치소도 저렇게는 안 만들어 놨을 거예요. 구치소는 면회하러 가면 옆에 자판기라도 서 있지. 여기는 없어요. ╱신동순 크레인에서 40일 동안 단식을 했던 신동순은 회복이 더디다. 무슨 일이라도 해야 된다는 생각에 곡기를 끊었던 그는 사수대들보다 먼저 들것에 실려 땅으로 내려왔다.

내가 단식을 안 했으면, 안 했더라면 더 괴롭지 않았겠나 싶어요. 그 당시로 돌아가 본다면. 좀 괴로웠어요. 나이 든 사람이 시빗거리도 없고 세월만 가고. 희망버스가 온다면 많이 기대를 하거든요. 날이 딱 오면 크레인 근처에 벌써 경찰들이 꽉 들어차요. 아, 여기까지 오긴 글렀겠구나. 그런 생각하고. 왔다 가면 또 한 달 넘게 시간만 가야 되잖아요. / 신동순

그날을 회상하던 신동순은 하얀 쌀밥을 씹어 삼키다 말고 소주 한 잔을 들이킨다. 단식 이후 밥이 잘 넘어가지 않는다. 크레인에서 내려온 뒤 상황은 더 어려워졌다. 정리해고 통보가 내려졌을 때, 신동순은 '정리해고 철회하라'라는 현수막을 영도대교에 걸고 그대로 바다로 뛰어내리겠다고 마음먹었었다.

회사의 지원을 받은 복수노조 설립에, 사수대 선고 공판에, 막막한 생계에, 정리해고자라는 딱지에, 이제는 더한 것도 할 수 있다는 생각이 절로 들었다. 사원 아파트에서 마주치는 복수노조 조합원들, 크레인에 올라 회사에 막대한 손해를 끼치는 죄를 저질렀다는 젊은 검사의 말. 이제 일상의 순간마저 고비였다.

9월 26일날 선고가 내려질 거 같아요. 8월 29일날 검찰에서 내린 형이 징역 1년에서 4년이거든요. 조금 더 깎일는지 업그레이드될는지 모르겠어요. 판사가 바뀌는 바람에 한 마디씩 하라고 했는데. 울분이 막 쳐가지고 말도 제대로 못했어요. 시원하게 말하지는 못했는데, 일단 그랬습니다. / 신동순

'해고자'라는 이름은 가슴을 옥죄어왔다. 평생을 바친 회사에서 용역들에게 들려나온 수모와 복수노조를 세운 동료들에 대한 배신감, 그리고 사회에서 버려졌다는 패배감은 쉽게 떨쳐지지 않았다. 정투위에서 해고자 심리치유 프로젝트 '사랑방'을 시작했지만 찾는 이는 드물다. 함께 싸운 동료들 앞에서도 속마음을 드러내는 게 쉽지 않아졌다.

굉장히 폐쇄적으로 살았어요. 정신적으로 공황 상태에 빠져서. 주위에 치료 받은 사람도 많고……. 저도 마음이 울렁울렁해요. 숨 쉬기 버거울 정도로 울렁울렁하고. 긴장하면 날카로워져요.

그러다 1월쯤에 집사람한테 말했어요. 전국장기투쟁사업장 돌고 싶다고요. 장투사업장에 갔다 와서 일을 찾아본다고 했어요. 그 당시 퇴직금 나온 거 100만 원 당겨서 유성, 재능으로 해서 한 바퀴 돌고 인사했어요. 이제 생계투쟁 가야 돼서 자주 못 오더라도 마음은 있다고 사람들한테 말했어요. / 허석현

허석현은 아파트 외벽 페인트칠 일자리를 구했다. 옥상에서 사수가 줄을 타고 내려가면 허석현이 위에서 줄을 잡고 호스를 넘겨준다. 사수가 아파트 25층에서 1층까지 페인트칠을 하고 내려가는 3시간 동안 그의 목숨이 허석현의 손에 달려 있다. 내려다보는 것만으로도 아찔한 일이다. 그래도 한 달 150만 원의 생계비를 벌 수 있어 다행이다.

줄 타는 형님이 정치에 조금 관심이 있는 형님인데 갑자기 쌍차 이야기를 하시더라고. 사람이 스물 몇 명이 죽었다는데 그게 사실이냐고 묻더라고요.
형님, 이제 알았어요? 그러니 그걸 어떻게 아느냐고 하세요. 오픈이 안 된 거지. 경찰이 시민을 개 패듯이 패고 질질 끌고 다니는데 아무도 모르는 거예요. 경찰이 깡패도 아니고 국민을 패느냐고 화가 나서 열변을 토하시더라고. 언론이 보도만 해줬으면 그렇게 안 됐는데. 이번에 TV에서 봤다고 하시더라고요. 그 말 듣고 느낀 게 정권교체 시기가 왔구나. 그래서 TV에 나오는구나. 자기는 처음 봤대. 쌍용, 한진, 기타 사업장 가봐도 용역 깡패들 오는 거 천지인데. 조남호 청문회 때도 자기가 화나서 TV 들었다 놨다 했다더라고. 내용도 정확히 기억하고 있더라고. / 허석현

문숙은 보험회사에 다니기 시작했다. 방독 마스크를 쓰고 40

도가 넘는 탱크에 들어가던 문숙은 각종 보험 상품 광고지를 가방에 수북이 넣고 다닌다. 노사합의 이후, 파출부 일을 하다 보험영업 일자리를 소개받았다. 문숙은 2003년 입사해 도장파트로 발령받았다. 사다리를 타고 배의 표면에 페인트칠을 했다. 매일 시너 냄새를 맡고 겨울에도 속옷까지 땀으로 젖는 고된 일이었다. 다시 태어나면 하고 싶지 않은 일, 그 일자리를 지키기 위해 문숙은 1년을 투쟁했고, 또 1년을 기다리고 있다.

정말 다시 태어나면 조선소 일은 안 하고 싶어요. 사고도 많이 나고, 말 그대로 3D 업종이에요. 쉽게 돈 벌려고 하면 안 되겠지만, 생각만 해도 싫어요. 도장하려면 기계들도 다 만질 수 있어야 해요. 칠하는 기계가 고장 나면 몽키도 큰 거 써야 되고, 파이프렌치도 큰 거 써야 되는데 그게 힘들어요. / 문숙

여성의 몸으로 버티기엔 녹록지 않은 조선소 생활이었지만, 투쟁생활은 그보다 지독했다. 2011년 2월 회사가 사내 식당을 폐쇄하자 문숙은 날마다 출근길 시장에 들러 파업 노동자들 찬거리를 사왔다. 컨테이너 박스에 가스버너를 놓고 밥을 하고 국을 끓이고 반찬거리를 만들었다. 아침에 가족들 밥을 차려주고 나와 파업하는 동료들 밥 세 끼를 만들고, 또 집에 가서 저녁밥을 했다. 무엇보다 용역과 경찰에게 둘러싸인 조선소에 있는 것 자체가 큰 고통이었다.

일단 스트레스 받으니깐 입 안이 항상 헐어요. 항상 헐고 인상도 경직되고, 편하지가 않으니깐요. 긴장되니깐 머리도 빠지고 그래서 원형 탈모도 생겼어요. 지금은 다 나았는데 스트레스가 몸에 영향을 미친 거 같아요. 밥도 잘 못 먹었죠. 입맛이 나겠어요? / 문숙

소름끼치는 시간이었다. 군 제대한 아들보고 절대 용역은 하지 말라고 했다.

저 사람들이 우리 입장 되어보면 그렇게 할 수 있을까? 한번은 한참 데모할 때. 아들이 알바 용역 자리가 생겼대. 한진 용역이래요. 당시 벼룩시장으로 많이 모집했나 봐. 야, 그렇게 되면 너하고 엄마하고 싸우는 거야. 적이 되는 거야. 그러니 절대로 용역은 하지 말라고 했죠. 우리가 왜 파업을 하는데. 억울해서 이러고 있는데. 아들이 철모르고 하는 소리였지만 가슴이 철렁했죠. / 문숙

노사합의 이후 영도는 순식간에 정적에 휩싸였다. 새카맣게 진을 치던 용역들이 철수했고, 덩달아 경찰들도 빠져나갔다. 일감도 끊겼다. 2011년 11월 30일 배 두 척을 인도한 뒤로 작업 물량이 없다. 회사는 2011년 12월부터 유급휴직을 실시했다. 150여 명의 노동자들만 현장을 오고 갔다. 영도조선소는 텅 비어갔다.

아직도 회사는 공장을 살릴 생각이 없다. 높다란 담벼락 너머로 노동자들의 한숨만이 맴돌다 사라졌다.

2011년 12월 1일, 회사가 첫 번째로 휴업시킨 대상자들은 파업에 끝까지 참여했던 금속노조 소속 조합원 200명이었다. 김정균(가명)도 이 중 한 명이었다. 김정균은 20년간 탑재부에서 일해왔다. 지난 정리해고 때 같은 팀에서 일하던 동생들 중 절반이 해고자 명단에 올랐다.

(해고자들이) 힘들 거 같아서 같이했어요. 임금 안 받고 같이 있었죠. 희망버스 오면 같이 투쟁하고요. / 김정균

회사는 6개월간 휴직을 얘기했으나, 복직 시점이 돌아오자 "물량이 없다"며 다시 무기한 휴직을 내렸다. 2010년 이후 제대로 일해본 적이 없다.

시작은 있지만 끝이 없어요. 버티는 친구들은 노가다를 나가요. 휴직 내놓고 회사에서 계속 복수노조로 오라고 해요. 그러면 빨리 복직시켜준다고. 실제로 그래요. 지회 조합원 두 명 복직시킬 때 저쪽 애들은 50명씩 내주고 그래요. 치사하죠. / 김정균

2011년 12월 281명, 2012년 1월 74명, 2월 84명에게 회사는 '6개월간 집단휴업'을 내렸다. 현장에서 일하는 금속노조 조합원

은 단 두 명뿐이었다.

회사는 영도를 다시 경영할 의지를 보이지 않고 있다. 5월 1일 사무관리직 40% 휴업조치를 했고, 사무직 100여 명이 사표를 냈다. 회사는 상선 부문을 아예 폐쇄할 계획이었다. 상선을 모두 없애고 방위산업 부문만 운영하면 300명 정도의 인력만 필요하다. 그럼 또다시 정리해고가 닥칠 것이다. 노동조합은 이대로 가만히 주저앉아 있을 수가 없었다.

2012년 6월 7일 새벽 6시. 지회장인 차해도와 조합원들은 회사 신관 앞에 빠르게 천막을 쳤다. 기둥을 세우고 파란 천을 덮고 그 위에 "조선소 정상화, 휴업자 복귀 약속 이행, 158억 원 손해배상 철회" 현수막을 내걸었다. 출근 시간과 퇴근 시간에 맞춰 피켓을 들기로 했다. 첫 희망버스가 온 지 1년 만이었다.

출근 시간이 되자 당황한 회사 관리직 사원과 경비원들이 천막을 둘러쌌다. 신관 외벽에 복수노조가 내건 현수막이 바람에 펄럭였다. "노동조합은 회사와 하나 되어 한진중공업 75년 역사 조선 1번지의 긍지와 자부심을 되찾겠습니다"라는 글자가 일그러졌다. 마침 통근 버스에서 내린 복수노조 조합원들이 눈을 돌리고 조선소로 들어갔다.

회사는 정리해고의 근본적 원인이 되었던 공장 정상화는 외면하고 민주노조 파괴만을 일삼고 있습니다. 실상 경영진은 영도 조선소 축소와 폐지로 가닥을 잡고 있는 것으로 보입니다. 영도

조선소는 물량이 없어 휴직을 내보내는 마당에 필리핀 수빅은 10척이라는 수주 성과를 올렸습니다. / 차해도

듣도 보도 못한 158억

2012년 9월 27일

2011년 하반기부터 복수노조 설립이 가능해지자 회사는 2012년 1월 노조 설립을 지원했다. 채길용 집행부에서 수석부지회장을 지내다 그만 두고 금속노조 한진중공업지회 지회장 선거에 출마했다 떨어진 김상욱이 복수노조를 만들었다. 17명으로 시작한 복수노조는 급속도로 세를 불려 9월에는 전체 노동자 중 3분의 2가 가입하게 된다. '복수노조에 가입하면 휴직 안 된다'는 불문율이 조합원 사이를 갈랐다. 목구멍이 포도청이다. 한 푼이라도 더 벌려면 금속노조를 탈퇴하고 복수노조에 들어가는 수밖에 없었다. 회사는 일과 돈을 가지고 어제까지 한솥밥을 먹던 노동자들을 갈라치기했다. 1년 뒤 복직하기로 한 정리해고자들이 공장에 들어오기 전에 민주노조의 싹을 없애겠다는 음모였다. 회사는 85호 크레인 농성이 끝났음에도 끊임없이 민주노조를 짓밟고, 노동자를 갈라치기 하는 데에만 온 신경을 집중했다.

회사는 지난 4년간 금속노조와 단체협상을 체결하지 않았다. 한진중공업지회는 2012년 7월로 교섭대표노조 유지기간이 지나 교섭권을 상실했다. 회사는 창구단일화 절차를 다시 밟았다. 새로 만들어진 복수노조가 교섭대표노조 지위를 얻었다. 그리고 2주 만에 회사는 복수노조와 임단협을 타결했다. 4년간 미뤄졌던 민주노조와 단체협상이 기업노조와는 속전속결이었다.

그날의 풍경은 참담했다. 단결의 광장에 복수노조 조합원들이 모였다. 회사는 기본급 15% 인상, 생활안정자금 1,200만 원이라는 조항을 노동자들에게 내주고, 징계위원회 노사 동수 조항을 없애고, 중복휴일 폐지, 의료비 직계비속 폐지 합의를 받아냈다. 회사는 눈앞에 돈을 흔들며 노동자의 권익을 빼앗았다. 특히 징계위원회 노사 동수 폐지는 앞으로 회사의 눈밖에 난 노동자는 언제든지 징계, 해고할 수 있는, 노동조합이라면 결코 양보할 수 없는 조항이었다.

수석부지회장직을 박차고 나가서 복수노조를 만든 김상욱은 언론 카메라 앞에서 말했다.

"옛날 노조처럼 투쟁하지 않고 이제 한진중공업이 일만 열심히 하고 적기 적소에 배를 납품하는구나, 이런 이미지를 만드는 게 노조의 역할이라 생각합니다."

그의 말은 공중파 방송을 타고 전국에 방영됐다.

이 뉴스를 들은 이용대는 분통을 터트리며, 어용노조라고 단호히 못 박았다.

8시 뉴스에 나오데. 그렇게 할 거라고 예상은 했지만 막상 뉴스에 나오는 거 보니깐 억장이 팍 무너지는기라. 기도 안 차더라고. 어용노조 금마 그거 위원장 인터뷰하는 거 보니깐 미치겠데. 내가 저 친구 저걸 모르나? 안다고. 이 동료애라는 거를 눈 씻고 찾아보려도 못 찾는 놈이라. 그런 놈이 위원장 돼가지고 회사 말 아먹고 조합원 다 죽이고. / 이용대

이 단체협약안을 가지고 복수노조 소속 조합원 571명의 찬반투표가 진행됐다. 금속노조 소속 조합원에게는 투표권이 주어지지 않았다.
찬반투표 소식을 듣고 정투위 조합원들이 한달음에 달려왔다.
"동지여, 우리를 죽이지 말아 달라."
닫힌 정문을 붙잡고 50대 휴직자가 외쳤다. 맨 앞줄에 앉아 있던 신동순은 한숨과 함께 고개를 푹 숙였다.

회사가 제일 먼저 복수노조에다 요구한 게 인사위원회 노사 동수 폐지예요. 이제껏 5:5였는데. 노사 동수 깨지고 나면 저 사람 저거 마음에 안 든다 하면 바로 해고되는 거예요. / 신성훈

노동조합이 왜 있습니까? 일하는 노동자들의 권리를 대변해주기 위해 있어요. 부당한 부분은 이야기하고 고쳐나가야 되는데, 고쳐나가진 못하더라도 지켜나가야 되는데. 산별노조 단체협약

해서 만들어놨던 모든 것들 거의 회사에 다 넘겨버리고 백지화 시켰잖아요. 노동자의 권리를 포기한 거죠. 노예로 살고자 하는 거죠. / 허석현

지금 복수노조 있는 애들 중에 노동조합 간부 했던 사람들 별로 없어요. 아무것도 모르고 일만 하다가 복수노조 하면서 간부가 된 애들이에요. 왜? 가정을 지키기 위해서예요. 복수노조하면 해고 안 되지 않을까, 휴직 안 되지 않을까 해서요. 우리가 볼 땐 배신자일 수 있어요. 괘씸하고. 근데 또 한편으로 내가 한 집안의 가장이잖아요. 이 친구들까지 욕하고 싶지 않아요. 아무것도 모르잖아요. 왜 노동조합이 있는지 모르는 친구가 태반이라고 생각해요. 단, 내가 입사하기 전에 자기들이 자기 입으로 이야기했던 사람들. 김상욱 위원장, 최영철이, 김외욱이. 그때 우리 앞에서 당당하게 외쳤어요. 민주노조 사수하고 노동자가 노동자답게 살 수 있는 세상을 만들어보자고 항상 외쳤어요. 그런 사람들이 뒤에서 우리 등에 칼을 꽂았어요. 완전히. 숨도 못 쉴 정도로. 이 사람들은 용서를 해주고 싶어도 못 해주겠어요. / 허석현

회사는 김주익, 곽재규가 있었고, 김진숙과 사수대가 지켜온 한진중공업지회를 압박해왔다.

회사는 2011년 12월부터 순환휴직제를 실시했는데 휴직하지 않고 조선소에 나오는 노동자 대부분은 복수노조에 속한 이들이

었다. 이용대는 "회사가 업무에 맞게 일을 시킨다고 하지만 '민주노조' 조합원들에게는 일을 안 준다"고 말했다. 현재까지 기업노조에 가입된 노동자 수는 전체 노동자 788명 중 584명. 정리해고되었던 재취업자 93명을 포함한 204명만이 '민주노조'를 지키고 있었다.[17]

회사의 민주노조 죽이기는 계속되었다. 한진중공업지회에 사무실과 소비조합 철수를 요구하는 한편 2011년 정리해고 파업으로 말미암은 손해배상 명목으로 158억 원을 청구했다. 노사 합의에 따르면, 회사는 조합원 개인에 대한 손해배상 청구는 취하하고 노조에 대해서는 이를 최소화하겠다고 약속했다. 그런데 오히려 회사는 노조의 파업과 상관없는 금액을 상당 부분 포함하면서까지 노조에 대한 청구 금액을 늘렸다.

158억에는 회사가 2008년도에 지출한 비용까지 청구되어 있습니다. 부품이 많이 안 들어와서 작업이 지연되었거나 도장 작업을 협력업체에 도급으로 맡긴 비용까지 포함된 거예요. 최소화가 아니라 최대한 많이 부풀린 거죠. 법원에서 노조가 158억을 내라고 명령하면 노조가 가진 모든 것을 압류하게 돼요. 그러면 앞으로 노조는 조합비를 받을 수도 없게 되죠. 노동조합을 아

---

17) 한수진, 〈가톨릭뉴스 지금여기〉, "정리해고와 죽음의 악순환 '희망이 안 보인다'", 2013.1.14.

예 없애겠다는 거죠.[18] / 박민식

  158억 원이 과연 노동조합의 파업으로 인해 회사가 손해를 본 금액이 맞을까? 158억 원 중에 103억 원에 해당하는 것이 지체상환금이다. 지체상환금은 한진중공업이 선주에게 납품하기로 한 날짜보다 연체했을 경우 물어줘야 하는 보상금이다. 회사 측이 법원에 제출한 내역 중 s07이라는 배는 계약 시 인도일이 2009년 9월 30일, s08이라는 배는 2009년 12월 31일이다. 그리고 실제로 배가 나간 날짜는 2012년 1월이다. 한진중공업지회가 전면파업을 시작한 것은 2011년 12월이다. 2012년 1월에 배를 납품했으니까 한 달 정도가 파업과 맞물린다. 그런데 회사는 이 배가 늦게 납품된 것이 파업 때문이라며 지체보상금 103억 원을 노동조합이 물어야 한다고 주장하고 있는 것이다.

  파업 이전에 배의 납품은 이미 2년 정도 연기되었다. 배를 만드는 과정에서 여러 기술 하자가 생기거나 부품 하나가 잘못되면 다시 주문하고 해외에서 물건이 도착하는 데까지 한 달씩 걸리기도 한다. 이런 문제가 여럿 발생하면 그만큼 배 만드는 기간이 예정보다 길어진다. 그리고 노조가 파업을 시작하고 한 달 만에 배를 납품했는데, 통상 큰 배를 만든 뒤 마지막 한 달은 거의

---

18) 한수진, 〈가톨릭뉴스 지금여기〉, "정리해고와 죽음의 악순환 '희망이 안 보인다'", 2013.1.14.

모든 작업이 끝나고 청소를 하거나, 페인트칠을 보수하거나, 메이커 측의 서비스 엔지니어들이 와서 시운전을 하는 정도의 일이라서 한진중공업 직원들이 할 일이 없다. 청소나 도장은 외주업체들이 다 맡아서 해왔다.

손해배상 청구는 2003년 김주익에게 가했던 회사의 압박 수단이기도 했다. 이처럼 회사는 한편으로는 어용노조를 만들고, 한편으로는 돈으로 민주노조의 숨통을 끊으려고 했다. 결국 회사는 몇 달 뒤 끔찍한 결과를 만들고 만다.

우리가 가진 걸 다 뜯어가도 158억이 나올 리 만무하다. 사측도 이를 당연히 알고 있다. 회사가 원하는 건 돈이 아니라 노동자들이 느낄 불안이나 공포, 절망감이다. / 차해도

깨진 유리조각을 거둬 부드러운 흙으로

2012년 10월 10일

재취업일이 한 달 앞으로 다가왔다. 회사는 10월 10일 복직대기자 93명[19]에게 재입사 안내문을 보내왔다. "주식회사 한진중공업과 금속노조 간에 체결된 2011년 11월 10일자 합의서에 따라 귀하를 2012년 11월 9일부로 당사에서 다시 채용하고자 한다. 첨부된 입사 구비서류를 11월 2일까지 회사로 제출해 입사 절차를 밟아달라"라는 통보였다.

회사는 10월 15일 환경노동위원회 국정감사가 끝나자마자 17일에 서약서를 포함한 10여 종의 추가서류 제출을 통보했다. 인사기록카드, 4대 보험 신청서와 더불어 근로계약서와 서약서를 요구했다. 이 중 '신체검사와 신원조회 결과 부적격으로 판정될 경우에 회사의 어떠한 처분도 감수해야 한다'는 서약서의 조항

---

19) 정투위 조합원 1명은 재취업 대기기간 중 정년퇴임을 맞았다. 94명이 해고돼 93명이 재취업했다.

과 '근무지 변경이나 부서 이동에 동의한다'는 근로계약서의 조항은 또다시 조합원들의 기대를 저버리게 했다.
신체검사상 부적격 판정을 내린다는 조항에 조합원들은 먼저 반발했다.

여기 조선소는 3D 업종이거든요. 탱크 안에 들어가면 소리가 울려가지고 귀가 정상적인 사람이 없어요. 저도 소음성 난청이 있거든요. 조선소는 엄청난 소음이랑 쇳가루 분진이 날리는데다 전부 다 위험한 곳에서 근무해서 (질병을) 하나씩은 다 가지고 있는 상태인데, 그거 동의하라고 하면 누가 동의하겠어요. 너네 회사 다니다 그렇게 된 건데. 딴 데서 일하다가 온 것도 아니고. 너네 회사 다니다 몸 망가진 건데……. / 박태준

또한 근로계약서상 근무지 변경과 부서 이동에 동의하라는 조항은 굉장히 불리했다. 창원의 대림자동차는 노사합의 이후 복직 과정에서 '본사 또는 지방사업장에서 근무하는 것으로 하며, 정당한 이유 없이 거부할 수 없다'는 서약을 강요해, 복직자 19명을 전국 각지로 배치시켰다.

한진중공업 계열회사가 많잖아요. 회사가 임의적으로 보직을 변경할 수 있다는 문구는 솔직히 우리가 정상적으로 회사가 운영될 때는 인정할 수 있지만 한진중공업이 우리한테 해왔던 걸 봐

서는 믿지를 못해요. 대림이나 이런 데서도 다 사직서 쓰고 나갔거든요. 지방으로 돌려버리면 가정이 있는 사람들인데 몇 번 옮기는 건 할 수 있겠지만 계속 돌려버리면 지치고, 그러면 사직서 낼 수밖에 없는 거예요. 수빅 했을 때도 회사가 영도조선소 유지하고 거기 있는 사람들은 고용을 항상 책임지겠다고 약속해놓고도 휴지 조각처럼 무시했는데 이 내용도 회사가 원하는 대로 흘러가지 않을까요? / 허석현

22일, 영도조선소 앞에서 긴급 기자회견을 열고 "합의안 이행과 노예 같은 서약서 서명 폐기"를 회사에 촉구했다. 조합원들은 기자회견문을 통해 "선별복직으로 고통에 시달려온 정리해고 노동자들의 가슴에 못을 박는 불행한 사태를 만들지 말라, 조건 없는 복직과 수주물량 확보 등 공장 정상화를 통해 휴업노동자 600여 명의 고통을 모두 해소하는 결단을 보여라"라고 요구했다.

회사는 기본적인 표준 계약서를 사용했으며 이전부터 사용해온 계약서라고 말했다. 조합원들도 알고 있다. 노조가 힘이 세거나 민주노조가 단체협약을 유지하고 있는 상황이라면 문제가 되지 않는다. '회사의 임의적인 전환 배치에 개인이 동의하지 않으면 할 수 없다'고 단체협약에 명기되어 있기 때문이다. 지금까지 조합원들을 보호해준 건 단체협약이었다. 그러나 회사는 단협을 폐기시켜버렸다. 이제 노동자들의 보호막은 없는 것이다. 말 그대로 독소 조항이었다. 한진중공업 인사과는 93명의 결속을 흔들기 시작했다.

회사에서 개별적으로 전화가 와요. 금속노조 사람들 믿지 마라, 그 사람이 너를 책임져줄 수는 없다. 서약서를 써라. 이런 형태로 (전화가) 오는 사람이 있고. 정년 얼마 안 남았는데 굳이 이럴 필요 있나. 그동안 싸울 거냐. 다시 긴 싸움 가면 힘들지 않냐. 서약서 써라. 이렇게 (전화) 오는 사람도 있고. 회사가 말장난을 치는 거죠. / 박태준

2012년 10월 21일

"이제 일하겠네. 좋겠네."
"뭐 입사서류 내라고 날아왔는데 병들면 작업배치에 토 달 수 없다는 서약을 해라카대."
"들어오지 말란 얘기네."

양산 솔밭산 묘역. 김주익 열사 9주기 묘소 참배식을 앞두고 김인수와 천영숙(부산울산열사회 간사)이 담배를 태우며 나눈 대화다. 정리해고를 막아내고 김주익을 찾았건만 참석자들의 마음은 무겁다. 잠시 뒤, 고지훈(한진중공업 지회 사무장)의 사회로 참배식이 시작되었다. 이어지는 발언들이 무겁기만 하다.

두 분 덕택에 많은 혜택을 받았습니다. 잘 지키지 못해 죄송합니다. 올해 들어 복수노조 시대가 열려 더 교묘하고 악랄한 탄압을 받고 있습니다. '다시 시작한다'는 각오로 해나갑시다. / 고지훈

항상 이 자리만 오면 마음이 울렁거립니다. 회사에 다시 어려

움이 닥친다니 마음이 답답합니다. 가정이 편안해야 누워 있는 주익이도 편안할 겁니다. 오늘 주익이 보러 와주셔서 고맙습니다. /김주익의 누나

여기 올 때마다 가슴이 쓰립니다. 한편으로 내 마음을 다지는 시간이기도 합니다. 미안하다는 마음, 가슴 아프다는 마음을 버립시다. 158억 손해배상 소송도 그렇고, 복수노조도 그렇고 재취업이 목전에 와 있습니다. 몇 남지 않은 조합원, 정투위 중심으로 민주노조 사수 이어가고 살맛 나는 회사를 만들기 위해 노력합시다. 지금의 현실은 어렵지만, 여러분이 남아 있는 한 한진중공업은 사라지지 않을 것입니다. 조남호 회장에게 굴복하지 않겠습니다. 나약했던 마음 버리고 9주기를 계기로 민주노조가 우뚝 설 수 있도록 천막농성을 이어가면서 여러분들이 복귀할 수 있도록 최선을 다하겠습니다. /차해도

김주익, 곽재규의 약력이 솔밭산에 울려 퍼졌다. 완연한 가을이었고, 아빠 손을 잡고 온 아이들은 묘소 사이사이를 뛰어 다녔다. 김진숙은 준비해온 편지를 펼쳤다.

민주노조가 아니었다면 시퍼렇게 살아 있을 사람을 여기에 묻었습니다. 박창수 열사는 내 입사 동기입니다. 매일 밤 만나 어떻게 하면 어용노조 몰아내고 민주노조 세울 수 있을지 회의하

고 토론했습니다. 박창수 열사 위원장 되고, 나는 감방에 있었습니다. '김 동지 인제 고생 끝났소.' 그때 내게 처음으로 면회 온 박 위원장이 말했습니다. 위원장만 우리 편으로 만들면, 민주노조만 세워놓으면 고생 끝이라 생각했습니다. 민주노조 깃발로 이곳에 묻으며 다시는 이런 일 없도록 하겠다고 다짐했습니다.

그러나 무엇이 힘든지, 얼마나 외로운지 미처 헤아리지 못했습니다. 아무리 힘들어도 말할 수 없는 외로움. 내가 겪어보니 알겠습니다. '미안합니다.' 전해줄 주익이 형은 여기 없습니다. 2003년 악몽이 내 현실이 되겠구나, 아무리 도리질을 해도 내 시신이 크레인을 타고 내려가는 모습이 떠올랐습니다. 한 덩어리로 똘똘 뭉쳐 전국을 돌아다니며 우리는 투쟁을 했습니다. 사수대 동지들과 똥오줌 던지며 싸웠습니다. 희망버스를 탔고, 그 힘으로 조남호를 국회에 세웠습니다.

30년 노동운동 세월 속에 악랄한 자본과 정권보다 어용노조에 의한 수모가 더 힘들었습니다. 300일 넘게 버틴 건 내가 독해서가 아니라 조합원들이 함께했기 때문입니다. 민주노조를 떠난 동지들에 대한 미움을 걷고 어려움을 허심탄회하게 들으며 민주노조로 품어야 합니다. 깨진 유리조각을 거둬 부드러운 흙으로 바꿔야 합니다. 떠난 조합원들을 품을 수 있는 옥토로 만듭시다. 동지 여러분 같이 일어섭시다. / 김진숙

욕봤다

2012년 11월 5일 11월 5일 오후 1시. 복직대기자들이 모였다. '질기게' 투쟁하겠다던 '정리해고철회투쟁위원회'의 마지막 자리였다. 재취업 일을 기다리며 서로를 챙기고 '끝까지 함께 가자'고 손을 잡은 사이였다. 박성호가 조합원들 앞에 섰다.

딱 1년이었습니다. 우리는 현장으로 돌아갈 수 있다는 마음으로 1년을 기다려왔습니다. 그동안 뒤돌아볼 생각도 없이 여기까지 온 것 같습니다. 그리고 우리가 희망했던 현장복귀를 앞두고 있습니다.

하지만 회사는 우리에게 노예계약을 강요하고 우리가 굴복하고 들어올 것을 요구하고 있습니다. 금속노조 한진중공업지회와는 어떠한 만남도 하지 않으려 합니다. 모든 것을 개별로 처리하겠다고 합니다. / 박성호

복직대기자들은 마지막까지 함께 대응하기로 했다. 1년간 품어온 노사합의서다.

11월 8일, 조합원들은 재취업 서류를 모아 한꺼번에 접수했다. 노조 상근자들은 재취업 서류를 정리하고 우편을 발송하느라 꼬박 하루를 보냈다. '이제 끝이다'는 소회를 느낄 겨를도 없었다.

작업전환 배치에 토 달지 말라니. 우리는 전문 업종이에요. 전기공이면 전기, 배관공이면 배관. 그런 부분들을 다 무시하는 거죠. 한참 잘못됐어요. 그래서 그 조항에 동의 못 한다고 빨간 줄 그어서 보냈더니 낙서하지 말라고, 서류 훼손하지 말라고 다시 보냈더라고요. / 박태준

그래서 조합원들은 회사가 요구한 문서 위에 종이 한 장을 더 첨부했다. "근로계약서의 독소조항과 서약서의 조항에 우리는 동의하지 않는다"라고 적었다.

동의할 수 없다는 입장을 표명한 거죠. 회사가 요구한 서류는 아귀가 다 맞춰진 거고. 우리는 우리 서류를 더 첨부한 거죠. / 박태준

복직이 하루 앞으로 다가왔지만 회사에서는 아무 연락이 없다. 복직대기자들은 종일 휴대폰을 손에서 놓지 못한다. '띠링' 하는

소리가 들리면 서둘러 휴대폰을 열어 확인을 했다. 혹여 회사에서 문자메시지라도 오진 않았는지. 정태훈은 마지막 퇴근 투쟁을 마치고 천막에 몸을 뉘였다. 머리맡에 휴대폰을 두고 밤 12시 전까지는 회사에서 연락을 오지 않을까 하는 기다림에 눈을 감지 못했다. 박성호도 쉽사리 잠들지 못했다. 그 역시 회사의 연락만을 기다렸다. 자정이 넘어도 회사에서 아무런 연락이 없자 박성호는 휴대폰을 들고 93명의 복직대기자에게 문자를 보냈다.

"그동안 고생 많으셨습니다. 잘 주무시고 내일 봅시다."

2011년 11월 9일 11월 9일 오전 6시 30분. 날이 밝기도 전에 재취업 대상 조합원들이 한진중공업 정문 앞에 모였다. 불면의 밤이 얼굴에 그대로 묻어났지만 '그래도 오늘'이라는 기대감이 얼굴에 감돌았다. "부당한 서약서 강요, 한진중공업 각성하라.", "조건 없이 복직시켜라." 재취업 당일까지 조합원들은 피켓을 들었다. "마음속으로 지지해준 동지들! 현장에서 뵙겠습니다"라는 현수막도 새로 걸었다. 1년 투쟁의 억울함과 또 1년 기다림의 간절함이 두 눈에 일렁였다. 그러나 여전히 회사에서는 답이 없었다. 문조차 열리지 않았다.

7시 30분. 회사 문이 열리고 사무직 직원들이 공장 안으로 들어갔다. 더 이상 기다릴 수 없었다. 복직대기자들은 정문으로 달려갔다. 어떠한 얘기라도 듣고 싶었다. 경비원들은 팔을 벌려 조합원들을 막아섰다.

"밀어, 들어가자."

"들어가자고."

"공장으로 돌아가자고."

차해도가 앞에 섰다. 90여 명의 노동자들이 뒤를 따랐다. 회사 출입증이 있어야 문이 열리는 출입구 기계를 사내들이 밟고 넘어갔다. 한 명씩 열리지 않는 문을 스스로 뛰어넘은 거다. 본관 1층에 복직대기자들이 들어섰다. 신동순은 가쁜 숨을 몰아쉬었다. 김인수가 조합원들을 진정시켰다.

눈물과 한숨으로 1년을 기다렸습니다. 국회 환노위하고 조남호하고 약속했기 때문에 이것만큼은 지켜질 줄 알았습니다. 1년이 지난 지금 어떤 약속도 지켜지지 않고 있습니다. 대한민국은 어떤 나라인지 모르겠습니다. 이렇게 하루아침에 물거품이 될 줄 몰랐습니다. 지난 2년 동안 쫄쫄 굶었습니다. 이 자리에서 죽으나 밖에서 죽으나 똑같습니다. 회사 입장이 명확히 정해질 때까지 기다리겠습니다. / 김인수

복직대기자들의 분노가 터져 나왔다.

"2년을 넘게 사람 피를 말리고. 개놈의 새끼들."

"너희가 인간이가. 약속 지켜라."

남편의 복직을 애타게 기다려온 홍미애는 한시도 눈을 뗄 수

없었다. 복직한다고 남편과 함께 새벽부터 김해에서 달려온 터였다. '복직을 축하합니다'라는 피켓을 만들어온 시민도 있었다. 당황한 인사팀 직원들이 1층으로 내려왔다. 차해도는 김진숙이 크레인에서 내려온 뒤, 머리가 온통 하얗게 세었다.

천막농성 오늘로 156일 차입니다. 11월 10일 국회 환노위의 권고안으로 노사 간의 합의서가 작성되고 김진숙 지도위원이 내려오는 날, 전국적인 관심을 끌었습니다. 그로부터 1년. 노동조합의 현안 문제가 대단히 많습니다. 158억 원 손해배상 문제, 1년이 다 돼가는 장기휴업, 복수노조. 이런 문제점들을 안고 우리들이 천막을 쳤지만 가장 가슴 아팠던 것은 과연 이 합의서가 1년 이내에 지켜질까 하는 그런 우려들이었습니다. 아니나 다를까 회사는 복수노조를 만들고 배후 조종해서 우리 현장을 갈라치기 했듯이, 복직을 놓고도 노예 계약서를 들이밀면서 쓰지 않으면 복직을 시키지 않겠다며 우리 내부의 갈등을 조장했습니다. 아마 많은 분들이 이 과정에서 고민하신 걸로 압니다. 그래도 우리는 그걸 뛰어넘었습니다. 회사는 우리가 찢어지고, 깨지고, 지쳐서 넘어지길 기다리고 있습니다. / 차해도

조합원들은 고개를 숙이고 담배만 피워댔다. 인사팀 직원들은 분주하다. 표정을 숨기고, 서로 입을 가리고 귓속말을 했다. 양복바지에 작업복 상의를 입은 인사팀 상무가 복직대기자 앞에

섰다. 모든 시선이 일제히 그의 입으로 향했다. 머뭇거리다 입을 뗐다.

"어제 4시에 서류를 받아가지고 행정처리 절차 중에 있습니다. 금일 인사 발령을 시행하려고 준비 중에 있었습니다. 그런데 이렇게, 저희들도 예상치 못한 부분들이 유감스럽고요. 저희들이 이런 부분에 대해서 여러분들에게 나름대로 감만동 교육장에서 전반적인 상황을 설명드릴 계획이 있었습니다. 발령을 낼 예정이니까 믿고 기다려주시고요."

말이 끝나자마자 조합원들의 원성이 터져 나왔다. 차해도가 소리쳤다.

"어제 저희들이 서류를 접수하면서 확인을 했고요. 어제 중으로 개별적으로 통화한다고 회사랑 저희 노동조합이 약속을 했습니다. 그런데 그게 지켜지지 않은 이유가 뭡니까?"

"그 약속은 어떻게 됐는지 모르겠는데요. 저희를 믿고 기다려주시고요……."

인사과 상무의 목소리가 더 작아졌다.

"그럼 그 약속한 놈을 데려와라."

"맨날 믿으라고 그래!"

"밥도 못 먹었는데 짜장면이라도 시켜 먹자."

유예의 시간 동안 잠을 제대로 자 본 적이 없는 사람들이었다. 2년에 가까운 시간, 그 시간을 살아서 견디고 왔는데, 회사와 첫 대면은 또 흐지부지 되는 약속의 어김이었다.

조용히 하면서 기다려봅시다. 언제나 그랬던 거 같습니다. 우리 동지들 지금 복직된다고 펄쩍펄쩍 뛰지만 들어가면 저 씹새끼는 똑같이 너거 먼저 나가라 그렇게 할 겁니다. 보이지 않습니까? 영도 지역 이쪽 부분 그리고 회사 반대편 변화되고 있지 않습니까? 그게 바로 노동자들 찔끔찔끔 몇 년에 걸쳐 다 내보내는 한진의 시나리오 아닙니까? 거기 맞설 수 있는 것은 우리 스스로가 함께 뭉쳐서 싸우는 것밖에 없다고 생각합니다. / 김인수

조합원들은 회사가 발령할 때까지 기다리기로 했다. 입구로 나와 담배를 피웠다. 흰 연기가 입구에 자욱했다. 3년 전부터 기다림이 일상이 된 이들이다.

참 환장하겠네. 오랜만에 주저앉은 건데 회사가 당황하네. 당황하는 기색이 역력히 보이네. 여기 단위에서 결정 못하는 게 확실히 보이네. 복직은 될 거야. 그리고 휴직을 시키겠지. 다 휴직을 시키겠냐. 선별적으로 시키겠지. 대선 정국이고 하니깐 휴업 조치 무를 수 있지 않겠나. 대신 오늘 복귀 문제가 정말 중요하지. 기업별 노조에 있는 사람 중에서도 휴업 나가 있는 사람 있거든. 그런 사람들이 동요할 수도 있는 문제이고. / 박성호

길고도 지루한 다툼 끝에 인사발령 공문이 내려왔다. 하지만 인사발령 내용을 본 노동자들은 또다시 분노하지 않을 수 없었

다. 노동조합 활동으로 전과 기록이 있었던 김병철, 김인수, 윤국성, 이상규, 박성호, 김경춘을 이들이 일해왔던 부서와는 무관한 수익사업팀 현장지원직으로 발령을 낸 것이다. 이뿐만이 아니다. 조립을 해왔던 이를 탑재부서로, 탑재에서 일하던 이를 조립부서로 발령을 냈다. 부서에서 조장을 해도 기술점수를 낮게 줘 정리해고시켰던 회사다. 이제는 낯선 부서로 이들을 옮기게 해 스스로 낙오시키려는 의도였을까? 노사 합의서에는 근속과 제반 경력을 인정한 재취업이라고 되어 있다. 하지만 인정은커녕 제반 경력을 무시한 신규 채용과 다를 바 없었다.

난 크레인으로 가야 돼. 탑재로 발령 내놨는데, 거기에 크레인이 있는가 모르겠다. 크레인으로 가야 되는데……. / 이용대

원래는 배관인데 조립으로 났습니다. 기대도 안 했습니다. / 박태준

합의서를 훼손한 발령이지 않느냐고 지회장인 차해도가 따졌다. 인사팀 상무는 방산업무훈령에 따랐다며 관계 법령을 들먹이고 나왔다.
"노동자들이 낸 신원조회서를 기무부대에서 기무사령부로 올려 심사위원회를 열어서 결정한 것입니다. 저희는 규칙에 따라 임했고, 심사숙고한 결과입니다."

인사팀 상무의 말에 차해도는 어이가 없었다.

"제가 한 말의 취지를 이해 못 하십니까? 경력사원의 자격으로 재취업을 하는지 신입사원의 자격으로 재취업을 시키는지. 그걸 명확하게 이야기해달라는 말이에요. 원래 근무하다가 노사 간의 합의에 의해서 1년간 쉬었다가 다시 현장으로 돌아갑니다. 그리고 1년 후 원위치로 돌려놓기로 노사 간에 합의가 돼 있습니다. 정치인들하고도 합의된 거 아닙니까? 그걸 우선적으로 지켜달라는 말이에요."

이때부터 노동자와 관리자들 간의 지루한 설전이 다시 벌어진다. 노동자들은 약속된 작은 권리를 지키기 위해서 이리도 지겹고도 지루한 싸움을 벌여야 한다.

노동자와 설전을 하다가 어디론가 오가며 누군가로부터 '지령'을 받아 앵무새처럼 되뇌던 인사팀 상무의 입에서 "예, 문제 삼지 않겠습니다"라는 말이 나오자 조합원들의 얼굴에 안심의 미소가 군데군데 피어난다.

이제 다 정식 직원이 됐습니다. 서로 힘찬 박수 한 번 치도록 하겠습니다. 그동안 마음고생 많이 했습니다. 하지만 우리가 이렇게 한목소리 내면 적들도 방법이 없다는 거 확인했습니다. 아침에 얘기했듯이 월요일 출근하면 또다시 개별적으로 어떤 짓거리 할지 모릅니다. 경계 늦추지 말고 다 같이 토론하고 다 같이 결정해서 우리 하나된 모습으로 쭉 나갈 수 있게 되면 좋겠습니다. 그럼 저희들은 월요일 7시까지 무조건 오셔서 현장직들과 인사하는 시간을 갖겠습니다. 현장 들어가는 출입문 있죠? 그쪽에 우리 93명 동지들 다 서서 현장에 들어가는 조합원들 한 분 한 분 눈도장 찍고 격려하면서, 악수하면서, 잘해보자고 풀 수 있도록 했으면 좋겠습니다. 그렇게 할 수 있겠죠? 저쪽 노조 갔다고 욕하고 막 그러면 안 됩니다. 다 우리 동지가 될 수 있는 동지들입니다. 저쪽 어용노조 간부들을 제외한 나머지 동지들과는 웃으면서 화해의 악수도 하고 포옹도 하면서 서로 반겼으면 좋겠습니다. / 김인수

긴 복직 절차가 끝이 났다. 황이라가 무뚝뚝한 아저씨들의 어깨를 두드리며 축하 인사를 건넸다.
"축하드려요."
김진숙도 이 자리에 있었다. 커다란 덩치의 박민식의 어깨를 토닥이며 경상도식 인사를 건넸다.
"욕봤다."

2010년 12월 정리해고에 맞서 파업을 시작한 옥빛 작업복의 정리해고 노동자들은 김진숙의 309일 동안의 85호 크레인 농성과 또다시 힘겨운 1년의 유예의 시간을 거쳐 공장에 돌아갔다. 93명의 해고자의 손에 다시 기름때 전 장갑이 기다리는 줄 알았다. 26년째 복직하지 못한 김진숙도, 지회장인 차해도도, 재취

업자도, 언론도, 희망버스 참가자도, 대한민국 국민 누구나 그리 되는 줄 알았다. 그 순간 단 한 사람만이 이들의 미래를 정확히 알고 있었다. 아니, 대한민국을 상대로 거대한 사기극을 준비한 사람이 있었다. 조남호다. 수십 억의 배당을 챙기며 노동자를 해고시키려 했던 조남호. 그는 또다시 한진중공업 노동자에게 지울 수 없는 상처와 피보다 진한 눈물을 흘리게 할 음모를 숨기고 있었다.

에필로그

미완의 르포르타주

여기서 이 르포르타주는 멈춰야 했다.

솔직히 이 이후의 이야기를 어떻게 기록해야 할지 모르겠다. 이 르포가 기획될 때만 해도 김진숙과 사수대가 85호 크레인에서 내려온 순간까지였다. 그 뒷이야기는 길어야 복직하는 날까지였다. 그랬다면 85호 크레인을 기억하는 이들이 이 기록을 읽고 책장을 덮을 때 뿌듯한 감동에 젖어들었을 거다. 85호 크레인의 309일을 함께해온 시민들과 그 기쁨을 나누고자 이 르포르타주를 쓰기 시작했기 때문이다. 이 순간을 아름답게 기억하고자 정투위에서도 이 책을 기획했을 거다.

그런데 기억조차 하기 싫은 일들이 벌어지고 말았다. 그래서 뒷이야기는 기록하기는커녕 지우고 싶은 기억이고, 영원히 완성할 수 없는 미완의 이야기인지 모르겠다. 사건은 이랬다.

복직의 기쁨도 잠시였다. 첫 출근한 지 3시간이 조금 지난 시간, 청천벽력과 같은 소식이 전해졌다. 무기한 휴직이다. 이 무게는 상상보다 컸다. 다시 거리로 내몰리는 기분이었다.

 작업복도, 출입증도 못 받아보고 재취업 3시간 만에 다시 쫓겨난 거예요. 정말로 그렇게 할 줄은 몰랐어요. 책임질 수 있는 단위는 안 오고 인사과장이 할 말을 교육소장이 대신 했어요. 휴업할 때 개인적인 동의를 구하겠다고 하더니. 그렇게 말한 놈은 안 오더라고요. / 김인수

 그렇게 무기한 휴직통보 후 또다시 시작된 유예의 시간이 서른아홉 날 지났다. 대통령 선거는 야권의 패배로 끝났고, 박근혜가 당선됐다. 부산 영도의 기온은 뚝 떨어졌다. 1년 중 밤이 제일 긴 날, 12월 21일이었다.
“강서는?”
“새벽에 술 먹고 와서 잔다.”
오전 7시. 조합원 다섯 명은 평소와 같이 피켓을 들고 1층으로 내려갔다. 전날 회사 앞 천막에서 눈을 붙인 노동자들도 밖으로 나왔다. 출근 시간에 맞춰 “158억 원 손배가압류 철회”, “민주노

조 탄압 중지" 피켓을 들었다. 이틀 전 회사는 노동조합이 운영하던 소비조합을 강제로 폐쇄시키고 노조 사무실마저 공장 밖으로 옮기라고 통보했다.

지난해부터 영도조선소에서 근무 중인 300여 명의 노동자 가운데 금속노조 소속의 조합원은 단 13명뿐이다. 통근 버스에 내리는 기업노조 조합원들과 눈이 마주쳤다. 저 사람은 진작 넘어간 사람, 저 사람은 처자식 때문에 어쩔 수 없이 간 사람. 마음속에 두 갈래로 금이 그어졌다. 박태준은 1시간 선전전을 마치고 천막으로 들어왔다. 스티로폼으로 덧댔지만 새벽 찬 이슬에 천막 안은 싸늘했다. 물을 끓여 몸을 데우려고 하는 순간 누가 외쳤다.

"빨리 지회로 올라 온나."

"강서가 목을 맸다!"

다섯 명의 조합원들이 강서의 몸에 달라붙어 있었다. 강서의 목을 조이던 스카프가 풀어져 있다. 심폐소생술도 하고, 인공호흡도 했다. 119에 신고하려고 휴대폰을 꺼낸 이용대는 손이 덜 덜 떨렸다. 최강서는 해동병원으로 옮겨졌다.

'강서가 설마! 장난일 거야. 강서가 장난을 좋아하잖아. 아니 꿈일거야. 지금 나는 꿈을 꾸는 거야.'

박태준은 최강서와 오늘 저녁에 한잔 하기로 약속했었다. 응급실 복도에서 박태준은 하염없이 중얼거렸다.

'장난치지 마. 이거 장난이야. 장난!'

이틀 전 최강서가 보낸 문자를 박태준은 다시 열었다.

'형님, 힘듭니다.'

혹시나 하는 마음에 전화를 걸어보았지만 받질 않았다.

"강서야!"

박태준의 무너지는 울음소리가 복도를 울렸다.

오전 9시 40분. 의사가 나와 공식 사망을 알렸다. 한달음에 달려온 아버지는 싸늘해진 아들의 발을 감싸 안고 주저앉았다.

전날 새벽 3시에 노조 사무실에 들어온 최강서는 뜬눈으로 밤을 샜다. 아침 선전전을 하러 동료들이 나갈 때, 최강서는 침낭을 둘러쓰고 잠든 듯 얼굴도 내밀지 않았다.

동료들의 발자국 소리를 들으며 최강서는 무슨 생각을 했을까? 동료들의 얼굴이 얼마나 보고 싶었을까? 이제 다시는 보지 못할 얼굴들. 형님, 동생, 친구가 아닌가. 발자국 소리를 들으며 한 사람 한 사람 얼굴을 떠올렸을 거다. 침낭에 얼굴을 파묻고 말이다. '저건 태준이 형, 저건 용대 형, 저건 지회장······.' 당장 이불을 박차고 달려가고 싶었을지도 모른다. '행님, 나 정말 살고 싶소.' 울부짖으며 지회장의 가슴을 마구잡이로 두들기고 싶었을 게다. 아니, 볼을 비비고, 와락 껴안고 싶었을 게다. 하지만 강서는 일어날 수가 없었다.

전날 저녁 7시, 자신의 전화기에 엄지로 한 자 한 자 쓰며 이미 이별을 했다. 아버지와 어머니, 아내와 자식, 그리고 옥빛 작업복의 동료들에게 안녕의 인사를 새겼다. 유서에 158억 원을 쓸 땐 분노가 치솟았고, 지회로 돌아와 달라고 쓸 땐 무릎을 꿇고 애원하고 싶었을 게다. 아니, 한 자 한 자 새길 때마다 한 사람, 한 사람의 얼굴을 지웠는지 모른다. 분노도, 절망도, 희망도, 사랑도······.

차갑게 식은 최강서의 얼굴엔 눈물 자국이 말라붙어 있었다.

추적추적 비가 떨어졌다. 조합원들은 모두 말을 잃었다. 영도 조선소 앞에 "최강서 열사 추모대회" 현수막이 걸렸다. 최강서 열사가 전날 밤 휴대폰에 저장한 유서를 평소 막역한 사이였던 박태준이 읽었다.

"제가 왜 강서의 유서를 읽어야 됩니까?"

눈물이 번졌다. 사내가 엉엉 울었다.

나는 회사를 증오한다.

자본, 아니 가진 자들의 횡포에 졌다.

어떻게 해야 할지 모르겠다.

심장이 터지는 것 같다.

내가 못 가진 것이 한이 된다.

민주노조 사수하라 손해배상 철회하라.

태어나 듣지도 보지도 못한 돈 158억

죽어라고 밀어내는 한진 악질자본

박근혜가 대통령 되고 5년을 또……

못 하겠다.

지회로 돌아오세요.
동지들 여지껏 어떻게 지켜낸 민주노조입니까?
꼭 돌아와서 승리해주십시오.

돈이 전부인 세상에 없어서 더 힘들다.

 또 한 사람을 가슴에 품고 한진중공업 노동자는 살아가고 있다. 다시 눈물로 새끼손가락을 걸고 약속했다. 끊임없이 약속을 깨려는 이들이 있을 때, 누군가는 약속을 위해 곡기를 끊어야 하고, 땅을 버리고 허공에 올라야 하고, 피 터지게 싸워야 하고, 목숨을 걸어야 한다. 더 이상 약속할 일이 없는 세상, 더는 눈물의 약속을 하지 않는 세상……을 꿈꾸며 한진중공업 노동자들의 이야기는 마침표를 찍지 못하고 미완의 르포르타주로 남겨둔다.

 창밖엔 비가 내린다. 아침 낮으로 날씨가 갈등한다. 덩달아 세상도 흔들린다. 겨울과 봄 사이. 그 사이의 충돌이 겨울을 그립

게 하고 봄을 더 봄답게 빛내리라.

2013년 3월
사라진 85호 크레인 담장 너머에서

이 네 사람의 이름이
금속노조 한진중공업지회의 역사다

김진숙 민주노총 부산지역본부 지도위원

박창수

그를 만난 건 81년 7월. 한진중공업의 전신이었던 대한조선공사 직업훈련소였다. 당시는 조선 산업이 한창 호황일 때였고, 한창 흐드러진 벚꽃 같은 젊은이들이 일자릴 찾아들었다. 3개월 훈련소 기간 동안 용접과 배관 같은 기술훈련 이외에 조선소 소장 집 화단을 만든다든지 하는 허드렛일을 하면서 나는 3개월 후 하게 될 조선소 일이 아주 멋진 엔지니어의 일인 줄만 알았다.

수료를 마치며 현장에 배치된 첫날 알았다. 내가 그동안 허무맹랑한 꿈을 꾸고 있었음을. 현장은 지옥이었다. 내가 현장에 배치 받아 젤 먼저, 젤 많이, 젤 심혈을 기울여 한 일은 치구대 밑의 똥을 치우는 일이었다. 야드에 블록을 탑재하기 위해 설치된 치구대가 지금은 사람 키 높이지만 당시엔 허리를 구부려야 될 만큼 낮았다. 화장실이 멀고, 가깝다 해도 구더기가 들끓는 재래식 간이 화장실이라 노동자들은 화장실을 이용하기보단 어둡고 은밀한 치구대 밑을 주로 배설의 공간으로 이용했다. 치구대 밑

곳곳에 도사린 똥들을 삽으로 떠서 리어카에 싣고 바다에 버리는 게 신입사원의 임무였다.

배운 기술이 아까워 손목이 근질거렸고 자존심이 아까워 얼굴이 후끈거렸다. 그래도 참았다. 이 시간만 견디면 곧 뽀대나는 엔지니어의 영화가 기다리리니. 그렇게 치구대 밑을 걸어도 지뢰를 밟지 않을 만큼 똥이 치워지자 그때서야 본격적인 현장 배치가 이루어졌다.

현장에 배치되자마자 치구대 밑이 천국이고 똥 치우는 일이 천직이다 싶었다. 똥 치우는 일은 더럽긴 하지만 위험하진 않았는데 현장 일은 더러운데다 위험하기까지 했다. 그때만 해도 노조가 어용일 때라 아무런 역할도 하지 않았다. 노조가 현장의 안전을 점검한다든지, 위험한 작업에 대해선 작업 중지권을 발휘한다든지 하는 일들은 상상도 못할 때였다. 현장은 그야말로 엉망진창이었다. 블록에 사다리가 설치되지 않아 뛰어내리다 다리가 부러지기도 하고, 비 오는 날 족장 위에서 미끄러져 실족사하는 등 이해할 수 없는 사고들이 하루가 멀다 하고 일어났다. 내가 다른 공장엘 안 다녀봤으면 정말 반나절도 견디기 힘들 만큼 현장은 무섭고, 일은 힘들었다.

　공장 안에 후생복지 시설이라는 건 전무했다. 물을 마실 데도 없었다. 여름엔 55도가 넘는 탱크 안에서 땀을 비 오듯 흘린 뒤 마실 수 있는 물이라곤 공장 한편에 세워진 물차에서 나오는 무지갯빛 기름이 떠 있는 밍밍한 공업용수가 다였다. 그나마도 빈 통일 때가 대부분이었다.

　점심도 자신의 호주머니를 털어 도시락을 사 먹어야 했다. 우리가 이 회사에서 어떤 취급을 받는지 압축적으로 보여주는 게 이 도시락이었다. 새카만 꽁보리밥에 알루미늄이 곰팡이처럼 피어난 반찬통에는 물기 없이 말라비틀어진 김치 몇 쪽, 고추 두어 개, 양파 두어 쪽과 구석에 한숟가락 붙여놓은 된장이 전부였다. 그 메뉴는 거의 바뀌지 않았다. 여름에 도시락 뚜껑을 열면 쉰내가 훅 끼쳤다. 그걸 물에 헹궈 먹는 사람들도 있었다. 나중에 감옥에 가 보니 감옥 밥이 훨씬 성찬이었을 정도였다.

　한겨울에도 생활관엔 따신 물이 나오질 않아 퇴근시간이 되면 사람들이 빈 깡통에 절단기로 물을 데워 새카매진 얼굴과 쇳가루로 범벅이 된 몸에 겨우 물칠만 했다. 회사 관리자들은 물을 데

우는 가스가 아까웠는지 퇴근시간이 되면 생활관 문 앞에 지키고 서서 물통을 들고 올라가는 사람들을 단속하기도 했다.

생활관은 쥐들의 천국이었다. 명절 때 사나흘 휴가를 보내고 출근해서 안전모를 쓰려고 보니 안전모가 묵직했다. 안전모 속 수건을 들춰보니 쥐가 새끼를 낳아서 새빨간 쥐새끼가 오글거리며 둥지를 틀고 있었다.

당시만 해도 오리털 파카는 아주 귀한 옷이었다. 한번은 퇴근하는 복열이 아저씨의 뒤를 따라가다 보니 흰 눈 같은 게 펄펄 날리는 거다. 눈이 오는 것도 아니고 눈이 와도 복열이 아저씨 뒤에만 올 리가 없는데 말이다. 가까이 가서 보니 쥐가 오리털 파카를 뚫어놔서 거기서 깃털이 아저씨가 걸을 때마다 폴폴 날리고 있었다.

그런 밥을 먹고, 그런 물을 마시며, 그 힘든 일을 하루에 열한 시간씩 했다. 철야가 있는 날은 거의 스무 시간 가까이 허기진 배를 잡고 일을 했다. 정상근무만 해서는 못 먹고 사니까.

그때는 작업에 비해 사람이 모자랄 때라 다들 과도한 노동을 견뎌내고 있었다. 그 와중에 훈련소 동기들을 만나는 일은 유일한 위안이었다. 만나서 이야기를 나누는 것도 아니고 스쳐 지나가며 눈인사를 나누는 게 전부였지만 그래도 나와 같은 꿈을 꾸던 사람들이 그 꿈이 무너지는 경험을 같이 공유하고 있다는 건 야릇한 위안을 주었다. 현장에 배치 받은 지 서너 달이 채 지나지 않아 절반 이상의 동기들이 떨어져 나간 상황이라 남아 있는 사람들의 유대감은 불안하면서도 은근히 끈질겼다.

나는 이미 여기저기 공장들을 다녀본 만큼 다녀본 터라 거기가 거기라는 걸 너무 일찍 알았다. 스물한 살 내 삶의 확신은 그런 거였다.

나와 박영제는 선대조립과, 박창수는 배관공장에서 일을 했다. 공장 간의 거리가 가깝기도 했고 생활관으로 가는 길에 배관공장을 지나서 가야 했기 때문에 오가는 길에 한 번씩 박창수를 마주치면 참 반가웠다.

박창수는 참 단정하고 반듯한 사람이었다. 훈련소 시절에도, 옆의 공장에 있을 때도 얘기를 나눠본 기억은 없지만 그의 차분하고 단단한 인상이 묘한 안정감을 주곤 했다.

1986년. 나와 박영제 동지가 대의원에 출마해서 당선되고, 대공분실에 끌려갔다 오고, 대기발령을 받고, 마침내 해고되어 출근투쟁을 할 때, 회사에선 빨갱이니 불순분자니 좌경용공 세력이니 하는 흑색선전들이 난무했다. 출근투쟁을 할 당시 회사 관리자들이나 어용노조 간부들의 눈초리가 매섭기도 했고, 해고자들이랑 인사만 나누어도 불려가서 권고사직을 강요받을 때라 조합원들이 곁에 오지 못할 때였다. 하지만 박창수는 꼬박꼬박 다가와 인사를 했다. 그 모습이 그렇게 당당해보일 수가 없었다.

매일 전쟁 같은 출근투쟁을 하였다. 현장에 매일같이 유인물이 뿌려지면서 어용노조에 대한 불만이 태풍에 일어서는 파도처럼 거칠고 높아만 갔다. 하루하루 분위기가 바뀌는 게 눈에 보일 정도였다. 그렇게 현장 노동자들을 중심으로 '노조정상화추진위원회'가 만들어지고 마침내 1987년 7월 25일, 막혔던 봇물이 터지듯 파업이 터졌다.

당시의 파업은 요즘과 많이 달랐다. 지금은 지침에 따라, 뭔가 기획된 프로그램에 의해서 통제되는 분위기라면 당시의 파업은 그동안 억눌린 분노와 응어리들이 한꺼번에 터지는 해방이었고 한풀이였다. 밤새 노래를 부르고 그동안 맺혔던 이야기들을 토해냈다. 노동가요도 없을 때라 〈멸공의 횃불 아래〉, 〈팔도 사나이〉 같은 군가를 부르며 두서도 없는 이야기들을 쏟아내면서도 그렇게 통쾌하고 신 날 수가 없었다. 파업은 그야말로 민주주의의 학교였고 해방구였다.

그 첫 파업의 배관공장 대표로 박창수가 뽑혔다. 훈련소 동기로서 그저 은밀한 공감을 지레 짐작하던 사이에서 이제 명실상부한 동지로 만난 것이다. 조직적 체계도 없고 지도를 할 만한 역량도 없이 고만고만한 사람들 사이에서 박창수는 특유의 차분함과 친화력으로 중심을 잡아가고 있었다.

그리고 마침내 1990년, 위원장 선거가 있었다. 한진중공업 노동조합의 역사를 새롭게 쓰게 되는 선거였다. 박창수는 자연스럽게 위원장 후보가 됐고 당연하게 위원장에 당선이 됐다. 93%라는 압도적이고 경이적인 지지를 받았던 건 그만큼 조합원들이 민주노조에 대한 열망이 뜨거웠고 박창수라는 지도자에 대한 절대적인 신망의 결과였다. 1987년 노동자대투쟁의 기운이 펄펄 살아있을 때라 자본과 독재정권의 탄압이 거센 만큼 연대의 기운도 왕성했다.

그렇게 전국노동조합협의회라는 연대체가 만들어졌다. 당시 부산지역에서 가장 큰 사업장이자, 투쟁으로 민주노조를 세워낸 한진중공업 노조는 연대에도 앞장을 섰다. 그 연대의 결과로 박창수는 '3자개입금지법' 위반으로 감옥에 갔다.

몇 달 후면 만날 거라 믿었던 그는 결국 죽어서 관에 실린 채 영도다리를 건너왔다. 그것도 영안실 벽을 뚫고 들어온 백골단들에 의해 시신마저 침탈당해 강제부검으로 갈가리 찢겨진 채.

김주익

2003년. 한진중공업은 이미 국내 공장을 대폭 축소하거나 정리할 계획을 가지고 필리핀 수빅에 대규모 조선소를 건립했다. 자본의 야심은 영도 공장에서의 정리해고로 마수를 드러냈다.

청천벽력이었다. 노동자들에게 해고는 마른하늘 날벼락보다 충격적이고 절망적이다. 당장 생계의 위협이 닥친다는 절망과 존재를 깡그리 부정당하는 충격이 동시에 닥친다. 노동자들은 공장에서 일을 하면서 노동력만 파는 게 아니라는 걸 해고를 당해보면 안다. 자신의 존재 전체를 건다. 꿈을 걸고 미래를 걸고 운명을 건다.

결혼을 할 때도 한진중공업이라는 직장은 중요한 요인이다. 그건 연봉의 액수로만 결정되는 것이 아니라 안정적으로 소속된 든든한 울타리가 있다는 것이다. 그 울타리에 대한 믿음은 거의 절대적이다. 그렇게 결혼을 하고 아이를 낳고 그 아이를 위해 더 열심히 일한다.

나는 우리 조합원들이 바다에 떠 있는 배를 아이에게 설명할 때만큼 빛나고 자랑스러운 얼굴을 본 적이 없다. 자신이 없으면 곧 회사가 망하는 줄 안다. 그 자부심과 자긍심으로 매일의 고된 노동을 견디고 일요일도 출근하는 삶들을 기꺼이 감내한다. 그런데 어느 날 정리해고 명단이 발표되고 거기에 자신의 이름을 발견하는 순간, 그 배신감을 뭐로 표현할 수 있을까.

정리해고 명단이 발표되고 우리 조합원들이 회사의 기물을 파손하는 일들이 연이어 벌어졌다. 어떤 이들은 자기가 만들었던 배의 기관실을 망치로 때려 부수기도 했다. 술을 마시고 한 우발적 행위들이긴 했지만 그 배신감을 주체할 수가 없었던 것이다. 정리해고 투쟁을 끝까지 견디는 사람들은 먹고살 만한 사람들이 아니라 분노가 크고 자존감이 강한 사람들이다.

2003년 투쟁은 2년을 넘겼다. 천막농성, 철야농성, 삭발, 단식. 참 막막한 상황에서 어쩔 수 없이 택한 극단적인 전술들이지만, 자본이 눈 딱 감고 배 째라 하고 나오면 그저 우리를 상하게 하고 우리 스스로를 다치게 하는 벼랑 끝 전술을 택할 수밖에 없다. 그렇게 2년을 싸워 마침내 잠정합의를 했건만 조남호 회장의 한 마디에 의해 잠정합의는 없던 일이 된다.

잠정합의가 뒤집히던 날. 85호 크레인에 혼자 오른 김주익.

주익 씨는 참 책임감이 강한 사람이었다. 회의나 토론 때도 말이 거의 없었다. 그저 묵묵히 소처럼 자기 자리에서 자기 역할을 하는 사람이었다. 주익 씨는 큰 키 때문에 현장에서도 금방 눈에 띄었다. 출근시간이나 점심시간 혹은 퇴근시간 구부정한 채 너울너울 걷던 사람이었다. 손에는 늘 책이 들려 있었다. 손도 커서 주익 씨 손 안에 들어가면 모든 책이 문고판처럼 작아 보였다. 단 한 구석도 모난 데 없이 두루두루 잘 지내고 누구에게도 싫은 소릴 못했던 주익 씨. 술을 잘 마시지도 않았지만 행여 술김에라도 힘들다거나 어렵다는 말을 한 마디도 하지 않았다. 그저 허허 웃고 '하면 되지요 뭐' 하던 그런 사람이었다.

2,500명의 조합원들. 그리고 거기 딸린 가족들. 그의 어깨에 수천 명의 생존과 노동조합의 운명이 달려 있던 상황. 그저 묵묵히 갈 길을 가던 그대로 85호 크레인에 올랐던 사람.

20여 년을 지내오면서 주익 씨의 젖은 음성을 처음 들어본 게 크레인에 오르고 한 달이 지났을 무렵이었다. 금속노조 집회가 있던 날이었다. 회사는 모든 공장의 출입문을 봉쇄했다. 대오가 정문을 뜯고 85호 크레인 밑에 모이자 고맙다고 울먹이는 목소리를 들으며 많이 힘든갑다, 짐작했다.

회사는 꿈쩍도 안 하고 조합원들은 떨어져 나가고. 할 수 있는 게 없었다. 크레인 위에서도 크레인 아래에서도. 그렇게 암울하고 막막한 채 석 달이 넘어가면서 뭔가 불길해지는 기운들. 그때부턴 전화벨만 울려도 가슴이 뛰고 불안해졌다. 그런데도 할 수 있는 게 없다는 것만큼 답답한 일이 또 있을까.

그 무렵부터 제 발로 내려오진 않을 사람이니 강제로라도 끌어내려야 한다는 얘기들이 나오기 시작했다. 근데 무슨 수로 강제로 내린단 말인가. 그렇게 또 속절없이 무심한 시간이 꾸역꾸역 흘렀다.

그러다 마침내…….

2003년 나는 주익 씨의 고통을 얼마간은 알고 있다고 생각했다. 그가 느꼈던 절망들을 나도 느꼈다고 생각했다. 그러나 내가 85호 크레인에 오르고 보니 밑에서 알고 있다고 생각한 건 실제 고통과 절망의 백분의 일, 아니 천분의 일도 되지 않았다. 시시각각 그가 놓였던 고통과 절망에 맞닥뜨릴 때마다 그에게 미안한 마음이 그렇게 사무칠 수가 없었다. 기쁘거나 희망적인 일이 생길 때면 왜 그때는 이런 일을 만들어내지 못했을까 다시 사무쳤다.

주익 씨가 죽어서 나는 살았다. 그의 죽음이 아니었다면 85호 크레인이 그렇게 많은 사람들에게 공감을 불러오진 못했을 것이다. 그의 죽음이 아니었다면 내가 85호 크레인에 있다는 게 그렇게 절박하지 않았을지도 모른다.

곽재규

참 순박한 노동자. 재규 형은 참 순박한 사람이다.
많은 말들을 웃음으로 대신하던 사람.
명절 전날이면 연락도 없이 사무실에 들러 선물을 건네곤 했다. 옷이나 양말, 혹은 신앙촌 담요. 뭘 이런 걸 사오냐고 웃으며 얘기하면, "우린 뽀나쓰 받아쓰니께" 한 마디 하곤 씩 웃던 사람.
주익 씨가 85호 크레인에서 끝내 목을 매고 보름 후 누군가가 4도크에 투신을 했다는 비명을 들었을 때 퍼뜩 곽재규라는 이름이 칼날처럼 심장을 베고 지나갔다. 왜 그랬을까.
주익 씨 죽음 이후 난 사람의 몸에 그렇게 많은 눈물이 고일 수 있다는 걸 처음 알았다. 서 있어도 눈물이 줄줄 흘렀고 눈물이 귀로 들어가 바로 누울 수도 없었다. 걸어도 눈물이 났고 앉아 있어도 눈물이 흘렀다. 날이 풀려 저절로 녹는 눈사람처럼 그냥 흘러내려 사라질 것만 같았다.

그런 나를 재규 형이 따라 다녔다. 말도 없이 따라다니며 숟가락 위에 밥을 놓아주고, 우는 옆에서 한숨을 쉬곤 했다. 내가 안 울었으면 재규 형이 안 죽었을까. 눈물마저 이기적이던 시간들. 자본의 잔인함.

최강서

자본과의 전선에서는 노동자의 장례마저 투쟁이다. '열사'들은 관혼상제에 따른 장례 일정을 지킬 수 없다. 유언이 있기 때문이다. 목숨을 던진 이유. 목숨을 던져서라도 이루고 싶었던 뜻을 산 자들은 지켜야 한다.

66일 만에 장례를 치른 최강서. 그나마 짧은 기간이긴 했지만 가장 힘들게 장례를 치러야 했다. 한진지회가 교섭권도 없고 대표노조도 아니라는 사실을 뼈저리게 확인해야 했던 시간들. 자본이 많은 돈을 들여 기를 쓰고 복수노조를 만들었던 이유가 결국은 민주노조를 인정하지 않기 위함이었음을 시시각각 확인해야 했다.

손배가압류를 철회하라고, 민주노조를 지키자고 서른네 살의 노동자가 목숨까지 바쳤는데 41일이 지나도록 사측은 교섭은커녕 문상조차 오질 않았다. 무력한 시간들은 흐르고 유가족들의 고통은 깊어졌다. 장례식장에서 마주 앉았던 강서의 아내와 누나는 물었다.

"민주노조 사수가 뭐예요? 손배가압류가 무슨 말이에요?"

그들은 얼마나 답답하고 얼마나 황망했을까. 알 수도 없는 말들을 유서로 남기고 목을 맨 가장. 가족들은 고통스러워했다.

정리해고 투쟁이 끝나고도 198일 동안 이어졌던 천막농성 기간 동안 강서는 민주노조를 다시 세워내지 않으면 아무 희망이 없다는 걸 누구보다 뼈저리게 느꼈으리라. 출구가 없는 싸움. 질식할 듯 숨 막혀 하는 동지들에게 숨구멍이 되고 싶었던 그 마음. 강서는 그 이유로 목을 맸고 질식해 죽었다. 시신을 거둘 때 보니 얼굴에 눈물 자욱이 남겨져 있더란다.

41일째 장례도 못 치르는 죽음. 마냥 기다릴 순 없었다. 그러기엔 가족들의 고통이 너무 길고 깊었다. 회사 앞 영정만 있던 분향소로 시신을 옮기기로 했다.

그날. 그 고통스러웠던 날. 경찰은 이미 장례식장을 봉쇄하고 있었고 무차별적으로 최루액을 쏘아댔다. 죽어서도 최루액을 덮어써야 했던 강서. 결국 정문 앞 분향소로 가는 길은 철저히 봉쇄됐고 서문 앞에서 막힌 운구행렬은 서문을 뚫었다.

아무 계획 없이 무작정 들어간 공장 안. 그렇게 강서는 죽어서야 공장엘 들어올 수 있었다.

시신을 사수해야 한다. 21세기에 산자들에게 떨어진 절체절명의 과제.

회사 건물은 이미 경찰에 의해 완전히 봉쇄된 상황이었고 서문쪽엔 경찰 체포조들이 공장까지 들어와 있는 상황이었다. 영안실 벽을 뚫고 시신을 탈취당했던 박창수와 최강서는 20여 년의 세월을 훌쩍 넘어선 현재의 동일 인물이었다. 공장에 남아 있던 이십여 명 조합원들은 밤새 뜬눈으로 시신을 지켜야 했다.

어디에 무슨 일을 하러 가는지도 모른 채 그냥 돈 버는 일이라니 무작정 왔던 용역 아이들. 그 아이들이 모여서 대기하던 전장공장은 밖에서 쇠사슬과 자물쇠가 채워진 상태였고 시신이 있던 거리와는 채 50미터도 떨어져 있지 않았다. 용역들 수십 명이 와~ 하고 한꺼번에 뛰어나오면 그대로 당할 수밖에 없는 상황. 다행히 전장공장으로 한 명씩 몰래 들어가던 용역들을 우리가 먼저 발견했다. 전장공장의 닫힌 문을 망치로 부수고 들어가니 잔뜩 겁에 질려 112에 신고를 하던 아이도 있었다. 덩치는 크지만 솜털도 벗겨지지 않은 그 아이들을 데려다 회사는 무슨 짓을 하려 했던 걸까.

피가 마르던 시간들. 새벽이면 천막 빈소에서 흐느끼던 유가족들. 관을 열고 시신의 구석구석 드라이아이스를 채우던 낯익은 광경. 2003년 김주익의 시신도 그렇게 지켰다. 수많은 우여곡절 끝에 노사합의서가 만들어졌고 솥발산 김주익과 곽재규의 무덤 사이에 그를 묻었다. 천막을 걷자마자 회사에선 그 자리에 화단을 짓는다고 펜스를 쳤다. 정리해고 투쟁이 끝나자마자 85호 크레인을 해체했던 것처럼. 아무도 이 싸움이 끝났다고 믿지 않는다. 여러 번 싸우고 그때마다 약속을 파기했던 사측의 태도가 노동자들에겐 본능적인 불신을 만들어냈다.

 집에서 자고 씻을 수 있으니 깨끗해지긴 했지만 노동자들은 쉽게 일상으로 돌아가지 못한다. 노동자들은 일을 해야 한다. 공장 안, 그 불안한 상황에서도 끊임없이 뭔가를 만들고 뚝딱거리던 노동자들. 춥다 싶으면 난로가 만들어졌고 난로가 만들어지자 여기저기서 나무를 주워와 장작을 팼다. 내일 비가 온다는 일기예보가 나오자 반나절 만에 천막이 세워지고 천막 안에 비가 들이친다 싶으니 자석이 달린 자동문이 만들어졌다. 그 상황에서도 미치지 않고 그들을 지켰던 건 노동의 힘이었을 것이다. 땀을 뻘뻘 흘리며 일하는 우리 조합원들을 지켜보는 마음이 그렇게 눈물겨울 수가 없었다. 2011년 노사합의가 완성되는 것도, 최강서의 뜻이 지켜지는 것도 노동자들이 공장으로 돌아가 일하는 것이다.

 인간의 의지는 결코 폭력이나 무력으로 꺾이지 않는다. 숫자는 별로 중요하지 않다. 공장 안으로 들어오면 어떤 지경이 되는지 뻔히 알면서도 강서를 지키겠다고 공장 안으로 들어왔던 우리 조합원들. 스무 명의 힘으로 용역들을 몰아내고 경비들과의 싸움에서도 한 번도 밀리지 않았던 우리 조합원들. 그리고 매일 전라도에서 충청도에서 서울에서 인천에서 제주에서 달려와 우리를 지키고 강서를 지켰던 수많은 사람들.

희망버스가 어느 날 갑자기 출현한 게 아니라 유월항쟁, 촛불집회 등의 염원이 물방울처럼 모여 강물처럼 흘러온 것이라면 희망버스는 지금도 멈춰선 게 아니라 어디론가 다시 흘러갈 것이다.

그게 역사다.

그리고 그 역사를 만들어가는 건 결국 사람이다.

폭력은 의지를 이기지 못한다.

자본은 결코 신념을 넘어서지 못한다.

인연이라는 것이 참 무섭다

박성호 한진중공업 정리해고철회투쟁위원회 대표

85호 크레인을 향한 희망의 버스

　부산 영도구 봉래동 산자락 아래 한 조선소, 안에는 선체 모형을 한 푯말에 "대한민국 조선 1번지"라는 글씨가 새겨져 있다. 이곳이 바로 한진중공업이다.

　6월 11일 자정, 광주, 순천, 전주, 대전, 수원, 서울에서 출발한 버스가 영도섬을 들어서는 관문인 부산대교 앞에 줄지어 서 있었다. 어떤 인연으로 자신들이 여기에 왔는지, 그냥 발걸음의 요구에 따라 이곳에 왔는지, 그런 것은 중요하지 않았다. '희망버스'에 몸을 싣는 순간 그들은 양심을 가진 사람들이었고, 사람 냄새 나는 세상을 꿈꾸는 사람들이었고, 일할 맛 나는 공장을 만들고자 하는 사람들이었고, 내 자신보다 어렵게 살아가고 있는 사람들에게 작은 정을 줄 수 있는 사람들이었다. 그들의 손에는 촛불이 들려 있었다. 백발의 백기완 할아버지도, 문정현 신부님도, 수녀님도. 목사님도, 스님도, 소설가도, 연예인도, 선생님도, 학생도, 국회의원도, 엄마 가슴에 안긴 갓난아이도 촛불을 들고 있었다. 희망의 촛불이었다.

그들에게는 같은 마음이 있었다. 대한민국 산업의 중심축을 이루고 있는 조선소 노동자들이 자본의 이윤 논리에 목이 날아가는 것을 그냥 보고 있을 수 없고, 35미터 크레인 위에서 동료 노동자들의 생존권을 지키겠다며 고공농성을 하고 있는 『소금꽃 나무』 저자인 김진숙 여성 용접공을 그냥 내버려 둘 수 없었던 것이었다. 인터넷, 트위터, 신문 한 귀퉁이 광고를 보고 자발적으로 희망버스를 탄 소중한 사람들이었다.

희망버스가 온다는 소식을 듣고 제일 먼저 움직인 것은 경찰이 아닌 용역깡패들이었다. 용산에서, 쌍용자동차에서, 발레오에서, 동희오토에서, 유성기업에서 보았던 용역깡패들이었다. 6월 10일 한진중공업 자본은 희망버스를 봉쇄한다는 명목으로 용역깡패 800여 명을 현장에 투입시켜 농성중인 조합원들을 무참히 짓밟고 회사 출입문을 장악했다. 회사 관리자와 공조한 용역깡패들은 크레인까지 동원했고, 조합원들을 방패로 내리찍었다. 구경만 하고 있는 경찰에게 "사람부터 살리자"라고 하니까 경찰은 도망을 가버렸다. 이 나라는 경찰의 보호 속에서 용역깡패들이 판치는 세상, 그 자체였다. "쇠파이프로 무장해 한판 붙어보자"라고 했으나, 지도부에서 이를 말려 제대로 싸움도 해보지 못한 채 용역들에게 무릎을 꿇고 말았다.

  하지만 조합원들을 다시 일으켜 세운 것은 다음날 도착한 희망버스였다. 현장이 용역들에게 완전히 장악된 상태였고, 경찰병력 25개 중대까지 정문을 가로막고 있어 희망버스 연대 동지들이 공장으로 들어오는 것이 사실상 불가능하다고 생각했다. 그러나 조합원들은 포기하지 않았다. 희망버스 동지들을 현장으로 들어오게 하려는 마음으로 공장에 있는 사다리를 다 모았다. 200여 개의 사다리를 준비하고, 희망버스 동지들이 85호 크레인 밑 담벼락으로 이동했다는 연락을 받자 신속하게 담벼락과 그 맞은편에 사다리를 설치했다. 연대 동지들은 설치된 사다리를 타고 담을 넘기 시작했다. 순식간에 일어난 일이라 경찰들도 손을 쓸 수가 없었다. 현장에 들어온 희망버스 동지들을 바라보는 우리 조합원들의 눈빛은 세상을 다 가진 듯했다. 백기완 선생님을 비롯한 어르신들도 담을 넘었다. 현장으로 들어온 연대 동지들은 정문으로 이동해 용역깡패를 모조리 몰아냈다. 이것이 연대의 힘이구나, 조합원들은 다시 한 번 가슴 깊이 느낄 수 있었다.

희망버스 연대 동지들은 85호 크레인 밑에서 김진숙 동지와 소통하며 준비해온 프로그램을 진행했다. 그리고 송별의 시간이 되었다. 문정현 신부님의 투쟁기금 전달과 가대위 동지들의 눈물 어린 호소가 연대 동지들의 마음을 울렸다. 손수 포장한, 아이들의 얼굴이 들어 있는 양말을 손에 쥐여 주는 가대위를 보듬어 안고 연대 동지들은 동지적 애정의 눈물을 흘렸다. 그리고 2차 희망버스를 다시 조직해 오겠다는 약속을 했다. 이러한 희망버스가 다섯 차례나 영도를 다녀갔다. 이 희망버스가 309일을 버텨온 김진숙을 살렸던 것이다. 그리고 국회 청문회도 만들어냈던 것을 우리는 잘 알고 있다.

복직대기 1년

투쟁을 마무리하고 다시 이후 활동을 준비하는 것이 쉬운 일은 아니었다. 특히 한진중공업 정리해고 철회 투쟁이 너무도 길었고, 힘든 투쟁이었기에 대부분의 동지들이 이제 좀 쉬고 싶다는 생각에 사로잡혀 있었다. 병원 치료를 받을 정도로 우울증이

심한 동지도 있었다. 그래도 현장으로 복귀하는 그날까지 한 치의 긴장을 놓을 수 없었다. 과연 회사가 약속을 이행할까 하는 것이 동지들 대부분의 생각이었다. 그래서 '정투위'라는 조직을 현장 복귀까지 지속하기로 결정했다. 이후 정투위가 해야 할 사업과 이를 집행하기 위해 상근 인원도 확정했다.

  1년이라는 세월은 금방 지나갔다. 복귀 날짜가 다가오자 정투위 동지들은 다시 모여들기 시작했다. 복귀 한 달 전쯤, 회사에서는 복귀에 필요한 서류를 준비해 오라고 했다. 회사에서는 개인에게 연락을 했지만 정투위가 조직적으로 서류 준비를 하기로 했다. 그런데 복귀준비 서류가 변경되었다는 연락이 온 것이다. 재취업이 아닌 신규취업에 필요한 서류를 준비해서 오라는 것이었다. 그 속에는 신체검사와 회사가 일방적으로 부서 이동을 해도 문제제기하지 않는다는 내용의 근로계약이 담겨 있었다. 정투위는 긴급회의를 열어 재취업 서류를 그대로 제출하기로 결정했다. 그러자 회사 측에서는 이를 인정할 수 없다며 '노예근로계약서'를 제출할 것을 요구했다. 우리는 다시 회사에 우리들의 입장을 적어 내용증명으로 발송했다. 그러자 회사에서는 11월 9일까지 발령 여부를 알려주겠다며 기다려 달라고 했다.

11월 8일 밤, 회사는 끝내 인사발령에 대한 입장을 정리하지 못하고 있었다. 정투위 동지들은 2012년 11월 9일 오전 6시 30분 회사와 관계없이 노사합의서에 의해 출근이 가능하다며 신관으로 들어갔다. 그리고 연좌농성을 시작했다. 그러자 회사 인사팀에서 급하게 달려와 자기들 변명을 늘어놓았다. 이에 굴하지 않고 더욱 완고하게 투쟁하니까 결국 인사발령을 내렸다. 다음 날 통근버스를 타고 감만동 교육장으로 갔다. 그런데 회사에서는 교육 3시간 만에 다시 무기한 장기휴업 인사명령을 발표했다.

최강서 동지의 죽음

당시 정리해고가 마무리되자 회사는 곧바로 지회 임원선거에서 패배한 후보를 앞세워 복수노조를 설립했다. 이는 회사 노무상무와 결탁하여 월 1회 정기회의를 가지면서 준비한 작품이었다. 그리고 과반수 조합원을 확보하기 위해 회사와 결탁해 고용보장을 조건으로 금속노조 조합원들을 빼 가기 시작했다. 그래서 순식간에 기업노조가 과반수 노조가 되고 말았다. 소수노조로 전락한 한진중공업지회가 활동을 제대로 하기 위해서는 전 조합원이 간부가 되어야 한다는 생각으로 사업을 추진했던 것이다. 이때 최강서 동지도 조직차장 역할을 수락하고 누구보다 지회 사업에 적극적이었다. 이러한 최강서의 마음을 괴롭혔던 것은 바로 복수노조 간부들이었다. 정직했던 최강서로서는 도저히 그들의 행위를 용납할 수 없었다. 그리고 회사 측의 민주노조 탄압, 소비조합 폐쇄, 지회사무실 이전 요구였다. 거기에 더 고통을 안겨준 것은 국민들의 관심사였던 대통령선거였다. 진보진영이 분열되고 결국은 박근혜 새누리당 후보가 당선되자 마음의 무게는 더 커진 모양이었다. 결국 최강서 동지는 2012년 12월 21일 자기의 목숨을 던져 현안 문제를 풀려고 결단한 것이다.

또 다른 멍에를 안고

금속노조 한진중공업 조합원들은 더 이상 이런 불행이 없기를 바랐다. 회사가 비열하게 민주노조를 탄압할 때마다 간부들은 "또

다시 2003년의 비극을 요구합니까"라고 회사 측 간부들에게 이야기 했다. 결국 우리들 앞에는 또다시 2003년의 비극이 재연된 것이다.

무슨 일부터 해야 할지 먹먹했다. 주변에 있는 동지들이 급하게 119를 부르고 회사 안전팀 직원들이 지회 사무실로 올라왔다. 그리고 해동병원으로 최강서를 옮겼으나 끝내 살릴 수 없었다. 최강서 열사가 사망했다는 소식을 접한 노조 간부와 조합원들은 허탈감에 빠졌다. 같은 또래 간부들은 얼굴이 상기된 채 하늘만 쳐다보고 있었다. 회사에 대한 분노뿐이었다. 닥치는 대로 부수고 싶은 심정이었다.

최강서 열사의 주검은 영도구민장례식장에 안치되었다. 이때부터 기약 없는 투쟁이 시작되었다. 회사 측에서는 가족들을 회유해서 빨리 장례를 치르고 싶은 생각뿐이었다. 복수노조 간부들 또한 마찬가지로 회사가 시키는 대로 성명서를 발표하고 정치권들은 개입하지 말라는 말만 지껄이고 있었다. 최강서를 장례식장에 안치한 지 41일째가 되던 날, 가족들의 요구로 주검을 한진중공업 정문 앞 분향소로 이동하기로 했다. 그날은 금속노조 총파업 영남권 결의대회가 부산역에서 개최되는 날이었다. 행진대오가 오면 함께 이동할 계획이었다. 그러나 주검을 한진중공업 앞까지 이동하는 일은 생각보다 쉽지가 않았다. 그래도 강행을 했다. 밀고 당기면서 봉래동 로터리를 지나 한진중공업 서문 앞까지 진입을 했다. 그곳에서 경찰과 대치 상태가 되었고 대치 상태에서 서문이 열렸다. 그곳으로 최강서 열사 주검이 공장 안으로 들어가게 된 것이다. 최강서 열사 주검은 한진중공업 현장으로 들어가 단결의 광장에 안치되었다. 그리고 최강서 열사가 죽은 지 66일, 단결의 광장에 안치된 지 25일 만에 장례를 치르게 되었다. 이제 한진중공업 정리해고 철회 투쟁이 막을 내리는 것일까? 정말 그랬으면 좋겠다.

고마움의 인사만 짧게 전하려고 했는데, 종이를 펼치자 지난 싸움이 눈앞에 선하게 그려졌다. 욕심이 났다. 지난 한진중공업의 역사를 쭉 정리했더니 중편소설 분량이었다. 그 내용은 내 자서전이었다. 인연이라는 게 참 무섭다. 한진중공업의 민주노조 역사가 내 삶이 된 이 기막힌 인연. 어디 나뿐이랴. 한진중공업 노동자의 이야기이고 김진숙의 이야기이기도 했다. 이렇게 한진중공업 노동자는 영도조선소에 자신의 모든 삶을 묻었다. 2009년 이전 이야기는 앞의 김진숙의 글과 겹치기도 해 당분간 내 가슴에 묻어두기로 했다.

한진중공업 정리해고 철회 투쟁에 대한 보고서 제작을 놓고 많은 의견들이 있었다. 기존 노동조합 투쟁보고서와 같은 자료집을 만들 것인지 아니면 대중들이 보다 쉽게 읽을 수 있는 책으로 제작할 것인지를. 논의 끝에 후자로 결정했다.

정투위 동지들은 자기들에게 주어진 투쟁전술을 도망가지 않고 다 실천해냈다. 그 추웠던 겨울 노숙투쟁, 상경투쟁. 평범했던 가정주부들은 아빠의 투쟁을 지키기 위해 아이를 안고, 업고, 자기 몸을 아끼지 않았다. 모두들 이제는 무용담이 되어 이후 살아가는 데 고비를 넘길 수 있는 자신감으로 남았으면 하는 바람이다.

어려운 조건이었음에도 정투위 동지들을 만나 인터뷰를 하고, 그것을 중심으로 글로 만들어준 작가님들께 정말 고생했다는 말을 전하고 싶다. 그리고 흔쾌히 출판을 결정해준 '삶창' 대표를 비롯한 편집부 식구들에게도 감사의 말을 전한다. 특히 한진중공업 정리해고 투쟁과 85호 크레인 위에 있는 김진숙 동지를 살리기 위해 시간과 돈을 투자하면서 희망버스에 오른 수많은 동지들에게 진심 어린 동지적 애정을 보낸다.

비록 한진중공업 정리해고 철회 투쟁이 완전한 승리는 아니더라도 현재 투쟁하고 있는 투쟁사업장에게 큰 힘이 되길 간절히 바란다.

부록

85호 크레인의 달력
한진중공업 정리해고철회 투쟁일지

2009년

11월	김진숙 지도위원 민주화운동명예회복 및 보상심의위원회에서 24년 만에 부당해고 결정 및 민주화공로 인정받음
11월 30일(월)	김진숙 지도위원 회사 정문 앞 복직 출근투쟁 시작
12월 11일(금)	사측, 지회에 희망퇴직 공문 전달
12월 17일(목)	기자회견(400명 정리해고에 맞선 무기한 총파업 선포식과 경영진 퇴진운동 돌입) 20일 투쟁선포 파업 결의대회
12월 21일(월)	긴급 상집회의, 생활관별 조합원 보고대회, 대의원 간담회
12월 22일(화)	울산, 부산 통합 대의원대회(투쟁본부로 전환, 12월까지의 투쟁계획 및 예산 확정)
12월 23일(수)~	부산지역 대시민 선전전, 서울 조남호 회장 집 앞 1인시위(전 조합원 리본 패용, 간부 몸벽보, 현수막 부착)
12월 30일(수)	상집간부 건설회관 앞 상경투쟁(울산지부, 부산양산지부 간부)

2010년

01월 04일(월)	전체 조합원 파업 결의대회 및 상집간부 철야농성 돌입
01월 11일(월)	지회 투쟁본부 전체회의(울산)
01월 12일(화)	전체 조합원 오후 파업집회(시청 → 서면 천우장)
01월 13일(수)	전체 조합원 오후 파업집회(영도 → 중앙동 R&D센타) 지부 확대간부 결의대회 민주노총 김진숙 지도위원(한진중공업 해고 조합원) 단식 천막농성 돌입
01월 14일(목)	전체 조합원 오후 파업집회(부산역 → 현대백화점 맞은편)
01월 15일(금)	전체 조합원 오후 파업집회(투쟁기금 결의)
01월 18일(월)	부산지역 야3당 한진중공업 정리해고 반대 기자회견

	전체 조합원 오후 파업집회(영도 → 남포동)
01월 19일(화)	'한진중공업 정리해고 반대 부산지역 시민대책위' 기자회견
	노동청장 면담(사측의 정리해고 신고서 돌려보낼 것을 요구)
	전체 조합원 오후 파업집회(노동청 → 서면 천우장)
01월 20일(수)	금속노조 금속노동자 결의대회(영도 → 남포동)
01월 22일(금)	전체 조합원 오후 파업집회(영도지역 선전전 및 서명전)
02월 19일(금)	노사 간 회의

노동조합 제시(안)
2010.2.19.

현재 한진중공업의 경영위기는 '0' 수주에서 기인한다. 수주를 담당하는 것은 노동자들이 아니다. 한진중공업의 노동자들은 경영자들이 시키면 시키는대로 열심히 일한 죄밖에 없다. 동종사들이 수주를 하면서 물량을 확보하고 있을 때 한진중공업 경영진은 1년 6개월 동안 한 건의 수주도 하지 못하는 무능력을 보였을 뿐아니라 2010년 1월에는 어렵게 수주한 2척의 선박조차도 필리핀 수빅조선소에서 건조하게 만들었다. 2008년 당기순이익 630억, 2009년 당기순이익 519억, 조남호 회장 2008년 배당금 120억, 2009년 조남호 회장의 배당금은 100억이 될지는 몰라도 분명한 것은 주주배당이 이루어진다는 것이다. 더구나 10년 동안 일해서 4,227억의 돈을 벌었다. 이렇게 흑자행진일 동안 경영자들은 회사의 발전을 위한 미래 준비를 전혀 하지 못했다. 이미 2009년 하청노동자들에게 주기로 했던 성과금 20억, 사무관리직의 강제서명을 통한 성과급 반납 14억과 건설식 입찰제를 통해 하청노동자들이 임금체불, 생존권 박탈을 통해서 이미 달성한 원가절감만 해도 목표달성을 하고도 남음이 있다. 회사는 2008년 미국발 금융위기로 시작된 경제위기의 사회적 분위기에 편승해 노동자들에게 빼앗을 것은 다 빼앗았다. 노사 간 협상 테이블장에서 "2009년 임단협 교섭이 마무리되지 못함으로 인해 20%의 임금이 삭감"되었다고 회사 스스로 누차 얘기했을 뿐 아니라 2009년 12월, 희망퇴직이라는 명분의 강제사직 349명과 정년퇴직 61명을 통해 이미 인력감축은 410명에 달한다. 회사가 어렵다고 노동자들에게 고통을 전담하라고 하면서 그동안 회사의 자구노력은 어떠한 것도 없었다. 노동자들은 더 이상 분담할 고통이 남아 있지 않다. 그럼에도 불구하고 회사가 정말로 노동조합의 협력을 요청한다면 적어도 현재의 한진중공업 경영 마인드를 바꾸어야 된다. 이는 '0' 수주 담당 상무에 대한 책임, 최고 책임자인 회장도 책임을 진다는 기본 전제가 있다면 노동조합은 아래와 같이 협조할 수 있다.

1. 경영위기의 책임
(1) 회사는 1년 6개월 동안 한진중공업에 단 한 건의 수주도 성공시키지 못한 수주 담당 상무에 대해 분명한 책임을 묻는다.
(2) 최고 경영 책임자인 회장은 스스로 책임지고, 회사의 미래를 위해 노동자들이 회사를 믿고 희망을 가지고 현장에서 땀흘려 일할 수 있도록 빠른 시일 내 수주 물량을 확보한다.

2. 회사는 2009년 임단협 교섭에 대해 인상을 전제한 입장을 공개 천명한다.
3. 위의 1, 2항에 대한 전제 속에 회사의 필요재원 150억 중 100억은 회장을 위시한 경영자들이 고통을 분담하면 나머지 50억은 노동조합이 책임질 수 있다.
4. 회사는 합의서를 작성하는 순간부터 인력조정을 중단하고 조합원들의 고용을 보장한다.

02월 23일(화) 전체 조합원 4시간 파업(마스크, 깃발 제작)
02월 24일(수) 전체 조합원 4시간 파업
02월 25일(목) 전체 조합원 4시간 파업(총파업 돌입 기자회견 및 총파업 전야제)
02월 26일(금) 총파업 돌입
  사측, 오전에 교섭을 제의, 오후에 노사 간 교섭하여 구조조정과 관련한 현안 문제 종결

※ 2009년 12월 희망퇴직 349명, 2009년 정년퇴직(조합원) 61명, 2010년 2월 희망퇴직 60명으로 총 470명

회 의 록

(주) 한진중공업 노사는 현재의 노사분쟁을 해결하기 위하여 다음과 같이 합의한다.

- 다음 -

1. 회사는 2009년 12월 18일부 인위적인 구조조정(일방적 정리해고)과 관련하여 2010년 2월 26일부로 중단한다.
2. 노조는 즉시 파업을 철회하고 정상업무에 복귀한다.
3. 노사는 2009년 임단협을 진행한다.
4. 노사는 회사 생존을 위하여 수주 경쟁력 확보 및 생산성 향상에 노력한다.

2010년 2월 26일

주식회사 한진중공업 전국금속노동조합
대표이사 한진중공업지회장
이재용 채길용
  천원윤

05월 13일(목)	설계외주화 반대 기자회견
06월 01일(화)	생산설계 251명 분사, 54명 휴업조치
06월 24일(목)	울산공장 부산공장으로 배치전환 관련 전 조합원 찬반투표 실시
07월 01일(목)	울산공장 163명 배치전환 시작
08월 12일(목)	6시간 파업(2시간 공청회, 4시간 지역 선전전)
08월 13일(금)	4시간 파업(오후 2시 노동청 앞 기자회견 및 집회)
08월 17일(화)	조별로 1박 2일 파업하여 서울 상경투쟁 상경투쟁 조 제외 조합원 오후 2시간 파업(지역 선전전 및 서명전)
08월 18일(수)	금속노조 한진중공업 본사 앞 기자회견(상경투쟁 조) 상경투쟁 조 제외 조합원 오후 4시간 파업(KEC, 정관 집회)
08월 19일(목)	상경투쟁 조 제외 조합원 오후 2시간 파업(영도 → 중앙동 행진) 중앙동 R&D센타 천막 설치 시도(몸싸움 과정에서 용역깡패 1명 부상, 사측 관리자 병원 입원, 조합원 5명 3주 이상의 진단)
08월 20일(금)	영도주민과 함께하는 촛불문화제
08월 23일(월)	조별 1박 2일 파업하여 서울 상경투쟁(8월 23일~26일)
08월 25일(수)	상경투쟁 조 제외 조합원 오후 4시간 파업, 집회 투쟁본부 대의원 대회(당분간 교섭 국면으로 전환하고 정상근무하기로 결정)
08월 26일(목)	정상근무 돌입 부산시 경제부시장 면담

교섭일정

- 8월 1일부터 선각 조합원 32명에 대한 휴업(한 달), 이후 휴업 확산 예측
- 9월 1일부터 다대포 27명 무기한 휴업 실시, 교섭이 진행되고 있는 동안 다대포를 제외한 조합원의 휴업은 보류하는 것으로 노사 간 협의
- 9월 3일 사업장 보충교섭 - 노사 간에 사전 선결조건 등에 대한 주장의 내용까지도 축소교섭에서 다 열어놓고 논의키로 함. 오전 11시 30분경 본교섭 종료 후 축소교섭을 개최하였으나 노사 간의 입장만 팽팽한 상황
- 9월 3일부터 9월 10일까지 축소교섭 진행되었으나 진척없는 상태. 사측은 인원 감축, 단협 개악, 무파업에 대한 전제를 명확히 하고 있고, 이 전제를 수용하면 2009년과 2010년 임단협에 대한 안을 제시하겠다고 주장. 노측은 김정훈 부회장과의 면담을 통해 최종 교섭결렬 등에 대한 방안을 강구중

사측이 강요하는 요구

1. 인력 감축 또는 임금 삭감
    1) 인력 감축 : 300명
    2) 임금 삭감 : 연봉의 20%
2. 경영위기 극복될 때까지 무파업 선언(단, 인력감축이나 임금삭감이 충분히 이루어진 후 무파업 선언 기간 동안만 고용보장을 한다)
3. 단체협약 개악 총 21개 조항
    1) 24조 징계 : 노사 동수 삭제
    2) 25조 해고 예고 : 평균임금을 통상임금
    3) 33조 상여금 : 일할계산 적용(파업기간, 무급일수 제외)
    4) 47조 시간외 야간 및 휴일근무 : 40시간 삭제, 법대로 요구
    5) 48조 휴일 : 식목일, 국군의날, 한글날, 주휴일 중첩 반납
    6) 50조 연월차 휴일 : 현행법대로(최고 25일 제한)
    7) 52조 특별휴가 : 백숙부모 회갑 삭제, 자녀사망 6일 → 3일, 시술휴가 · 중복휴일 삭제
    8) 61조 안전보호장구 등 : 노조 합의 삭제
    9) 64조 산업안전보건의 임명 : 삭제
    10) 68조 업무상 재해 : 1항~11항 삭제
    11) 70조 재해보상 장해보상 : 산재보상법대로
    12) 73조 보상청구권 : 1번항 삭제
    13) 81조 자체검사 : 항목 축소
    14) 90조 의료비 지원 : 직계존비속 → 직계존속만 인정
    15) 121조 단체협약 유효기간 : 1년 → 2년
    16) 1조 단체교섭권, 제7조 조합 활동 보장, 제8조 조합원 교육, 제10조 조합전임자, 제11조 조합전임자 처우, 제54조 산업안전보건위원회 : 타임오프 관련 조항 관련법대로

09월 17일(토)	전체 조합원 오후 4시간 파업
09월 27일(월)	지회 투쟁본부 집행위 회의
09월 28일(화)	전체 조합원 결의대회, 확대간부 상경투쟁
09월 29일(수)	전체 조합원 6시간 파업(9월 29일~30일)
09월 30일(목)	박범수 조합원 사망(구조조정 등 극심한 스트레스에 의한 사망으로 추정)
10월 01일(금)	사측 일방적으로 고정 오버타임 40시간 시키지 않음

10월 05일(화)		지회 투쟁본부, 故 박범수 조합원 관련 기자회견
		전체 조합원 7시간 파업
		확대간부 철야농성 재돌입(영도 본관 앞 천막 설치)
10월 06일(수)		출근투쟁, 전체 조합원 4시간 파업
10월 07일(목)		故 박범수 조합원 가족장으로 장례
10월 08일(금)		출근투쟁
		전체 조합원 4시간 파업(영도 고가도로반대 주민대책위 집회 결합)
10월 11일(월)		주간 단위로 간부 6명 상경투쟁
		아침 전체 보고대회 및 오전 오후 각 2시간씩 파업
10월 12일(화)		전체 조합원 7시간 파업(노동청 투쟁 결합)
10월 13일~14일		전체 조합원 4시간 파업(서명 선전전 및 조합원 토론회)
10월 15일(금)		전체 조합원 4시간 파업(영도 → 중앙동 R&D 센터)
10월 18일~22일		김주익, 곽재규 열사 7주기 정신계승주간
10월 18일(월)		김주익, 곽재규 열사정신계승 선포식, 부서별 빈소 분향, 대체근로 점검
10월 19일(화)		전체 조합원 8시간 파업(시청 → 서면 천우장 집회)
10월 20일(수)		전체 조합원 8시간 파업(노동청 집회)
10월 21일(목)		전체 조합원 8시간 파업(열사정신계승제, 전체 조합원 1일 철야농성)
10월 22일(금)		전체 조합원 8시간 파업(전체 조합원 서울 국감투쟁 및 본사 갈월동 투쟁)
10월 25일(월)		전체 조합원 4시간 파업
10월 27일(수)		사측, 인력 구조조정 노사 협의 요청, 지부 반박 공문 보냄
10월 28일(목)		전체 조합원 4시간 파업(휴업자 노동청 집회)
		사측, 퇴직연금제 도입을 위한 실무협의 요청, 부산지방고용노동청에서 방산물자 생산업무 종사자 쟁의행위 자제 촉구 공문 옴
		사측, 간사를 통해 구조조정 관련 금속노조 위원장 면담 요청
10월 29일(금)		전체 조합원 6시간 파업(한나라당 부산시당 집회)

※ 회사는 파업하는 조합원들에게 중식 제공을 하지 않기 위해 10월 마지막 주부터 식당을 폐쇄했다. 이에 조합원들은 직별, 팀별로 점심식사를 만들어 먹으면서 회사의 중식 제공 거부에 대해 계속 항의하였다.

고소고발 현황

(1) 노측 제기 건
- 강제휴업 진정(불법휴업, 부당노동행위)
- 8월 19일 중앙동 집회 진정(폭행 금지, 부당노동행위)
- 설계직 조합원 조합탈퇴 공작 진정(부당노동행위)
- 8월 19일 중앙동 집회 폭력행위 고소
- 중식 제공 중단에 대한 반발
- 부과금 일괄공제 거부 고소장 접수 예정

(2) 사측 제기 건
- 포스터 전물에 의한 명예훼손 : 지회장, 사무장, 교선부장
- 8월 19일 중앙동 집회 : 민주노총 부산본부(본부장), 지부(지부장, 교선부장), 지회(지회장, 사무장, 조직부장, 조직차장, 대의원 및 조합원 4명)
- 11월 04일 중식제공 거부에 따른 항의투쟁 : 지회장, 수석부지회장, 사무장, 조직부장, 조직차장, 문체부장, 대의원 2명(폭력, 재물손괴, 업무방해)

11월 01일~5일	전체 조합원 오전 2시간, 오후 4시간 부분파업
11월 08일~12일	일주일간 시한부 전면파업
11월 10일(수)	유창환경 지원집회, 서면로타리 일대 선전전
11월 11일(목)	일부 조합원 상경투쟁(G20 세계정상회의 반대투쟁) 지부 총파업 결의대회
11월 15일~26일	월, 화, 목 전체 조합원 4시간 부분파업 수, 금 전체 조합원 6시간 부분파업
11월 23일(화)	사측, 인력조정 관련 노사 협의 3차 공문 발송(11월 26일 개최 요구) 선행탑재 26명 무기한 휴업, 현재 휴업중인 조합원 총인원 226명
11월 29일	매일 6시간 부분파업, 오후 부산 전역 6곳 약식집회 및 선전전(11월 29일~12월 3일) 사측, 시한부 전면파업 전개했던 주에 주차 지급분 환수 조치하겠다고 95명에게 개별통보 사측, 인력조정 관련 노사협의(4차) 참석요청 및 회사 입장 통보 공문 지회로 전달

※ 12월 16일 현재, 휴업자 250여 명(총 290명 휴직자 중 퇴사자 40명)

12월 06일~17일	월, 화, 목 오전과 오후 각 2시간씩 부분파업. 수, 금 오전 2시간, 오후 4시간 부분파업
12월 08일(수)	제6기 2년차 대의원선거(총 39명 중 31명 당선)
12월 10일(금)	사측, 8월 19일 중앙동 집회 건으로 민사소송(약 3,000만 원)
12월 15일(수)	사측, 인력조정 계획(안) 통보 및 회사 생존을 위한 인력조정 계획 관련 노사 협의 참석 요청 공문 발송 생산직 400명 구조조정 및 정리해고 재추진

인력조정 계획(안) 통보 및
회사생존을 위한 인력조정 계획관련 노사협의 참석요청 공문

긴박한 경영상 이유

1. 업무량 고갈(수주잔고 상선 7척), 수주가 이뤄지더라도 선행공정으로 인해 상당기간의 업무 공백 불가피
  - 2010년 12월 신규선박 수주시, 2011년 9월 이후 선각공장 조업 재개 가능

2. 수주 경쟁력 저하 – 6400TEU 수빅 8,064만 불, 영도 8,712만 불 수빅대비 8.0% 높아
1800TEU 선주 5,600만 불 영도 6,387만 불 선주 대비 14.0% 높아
180K B/C 수빅 5,435만 불 타사 5,700만 불 영도 6,258만 불 수빅대비 15.2% 높아

3. 매출액의 현저한 감소, 향후 연간 평균매출액 예상 1조 원도 달성 불가 예상
2010년 상선 7,420억 총 9,656억, 2011년 상선 2,264억 총 4,548억, 2012년 상선 26억 특수선 97억 총 123억 수준잔량 기준

4. 경영실적 악화
2010년 분기별 손익현황(조선/건설 전체) 3분기까지 합계 매출액 1조 9,980억 영업이익 1,850억 당기순이익 26억. 4분기 실적 포함시 금년부터 당기순이익 적자 전환 예상

해고회피 노력

| **2010년 2월 26일 이전**

1. 자산매각 : 유동성 위기 극복 차원 자산매각 3,209억 원
조선부문–토지(마산공장 등) 1,116억 원, 건물(구암 APT 등) 145억 원, 기타 84억 원으로 총 1,345억 원
건설부문–토지(수원충전소 등) 162억 원, 건물(수원충전소 등) 5억 원, 기타(산업용지 등) 644억 원, 영종도 1,053억 원으로 총 1,864억 원

2. 인력부문 : 신입사원 채용 중단, 부분간 전출, 합의퇴직 / 해촉 – 합의퇴직(08.11월~현재) 행정기술 11, 생산 2, 계약 1, – 촉탁 계약해지 13명 간접인력 직접화 – 행정기술직 직영공사 T/F 생산간접부서(영도 15명, 울산 6명), 생산직 생산간접부서→생산직접부서(영도 22명, 울산 8명), 외주운영(일원산업)→시설팀(P/R & C/R, 영도 6명), 희망퇴직 416명(10. 2. 28일기준)

3. 복지부문 축소 : 성과급 반납(과장 이상 / 673명), 변동 O/T 폐지(09. 03 01), 휴일수당 폐지(행정기술직), 연월차 휴가사용 촉진(전체), 취업규칙 변경(신입사원 수습기간 연장 3→12개월, 수습임금 조정 90→80%), 복지후생 축소(소집단활동, 작업복, 써클지원금, 조합원 해외공장 견학), 협력사 인력안정 지원금 부지급(08년 연말 14억 원, 09년 구정 14억 원 하기휴가 14억 원, 추석 14억 원)

| **2010년 2월 26일 이후~현재**
1. **휴업 실시** (행정 2, 기술 1, 설계 34, 생산 198 총 235명) 향후 생산량 종료에 따라 휴업 규모 확대 예상됨
2. **인력배치전환** (2010년 7월 1일부 생산직 163명 – 울산공장 업무량 종료로 인한 유휴인력에 대해 배치전환 실시하여 고용유지 노력, 원거리의 블록공장으로 인한 물류비 및 제반비용 감소 효과)
3. **기술본부 분사** (2010년 6월 1일부 생산설계 251명–분사 197, 휴업 54명)
4. **근로시간 단축** (물량 급감에 따라 시간외 근무(17–18시) 폐지, 2010년 10월 1일부 실시)

인력감축 규모 및 일정
– **인력감축 규모** : 생산직 400명
– **일정**
2010.10.28~12.09 인력조정 노사협의 재개(1–5차)
2010.12.17 인력조정 노사협의 6차 재요청
2010.12.20~12.24 희망퇴직
2011.1.5 부산고용노동청 정리해고 계획신고 및 대상자 해고예고 통보
2011.2.7 경영상 이유에 의한 해고

공정한 대상자 선정 기준
원칙 1. 직종 특성에 부합하는 합리적인 기준 마련
원칙 2. 기업이익 및 근로자 생활보호 요소 적정 배분
원칙 3. 관계법상 경영상 해고 대상 제외자 배제(산재승인, 산전후 휴가, 탈북자 등)
원칙 4. 최근 3년간 자료에 근거 점수 측정하고 남녀 차별요소 배제
– 노사협의 노조의견 최대반영(대상자 선정기준)
– 선정기준 세부내역
기본항목(인사고과 20, 기술역량 20, 담당임원평가 5, 근태 20, 직위평균연령 10, 현직위 경과년수 10, 학력 5, 자격면허 5, 포상 5) 가감항목(징계 –1~–10, 부양가족 0~+5, 개선제안 0~+5, 배우자소득 0~–3)* 노조의견 등을 반영할 경우 변경 가능

향후 조치사항
노조에서 2010년 10월 28일부터 12월 9일까지 진행된 인력조정 노사협의(1~5차)에 참석하지 아니함에 따라 회사는 어쩔 수 없이 인력조정 계획(안)을 수립하고 시행이 불가피한 상황입니다만 노조에서 인력조정관련 노사협의에 참석하여 의견을 제시할 경우에는 회사는 이를 적극 반영하여 시행 예정입니다.

회사의 공문 내용에 대한 노조의 입장

회사의 사람 자르겠다는 교섭에 응할 수 없다. 노조의 요구는 아래 내용과 같다.

회사는 현 사태를 유발한 책임자 조원국, 이재용, 박승종을 경질하라.
회사는 희망퇴직, 정리해고를 철회하라.
회사는 2009년, 2010년 성과에 대한 성과급을 배분하라.
회사는 물량을 확보하고, 필리핀으로 가져간 8척의 배를 영도로 돌려라.
회사는 고소고발 취하하고, 징계를 철회하라.
회사는 부당휴업 중단하라.
회사는 고정OT 40시간 및 노조활동 등 단체협약 준수하라.

12월 16일(목)	사측, 주주들에게 176억 원 배당 결정
12월 17일(금)	회사의 인력조정 협의 장소에 노조 측 4명 참석하여 노동조합의 입장 전달
12월 18일(토)	한진투쟁대책위(민주노총, 지부, 지회) 상황실 회의(이후 투쟁일정 수립)
	회사에 특별단체교섭 요청(의제는 12월 17일 노동조합의 입장을 전달한 내용으로 하고, 희망퇴직 접수도 중단할 것을 요구)
12월 20일(월)	무기한 전면파업 돌입
	사측, 조선부문 직원 희망퇴직 시행 안내(위로금 최대 통상임금의 15개월)
12월 23일(수)	부산시민대책위 결성 집회(부산시청)
12월 24일(금)	희망퇴직 신고 마감(희망퇴직 27명(비조합원 포함), 사직 21명(사무관리직)
12월 27일(월)	조합원과 부산시민대책위 5보 1배(부산역 → 중앙동 R&D 센터)
12월 28일(화)	전체 조합원 철야농성 돌입
12월 29일(수)	금속노조 부산양산지부 지부조합원 총회(한진중공업 → 중앙동 R&D 센터)
12월 30일(목)	한진중공업 정리해고 철회와 경영정상화를 위한 기자간담회
	촛불문화제(서면 쥬디스태화 앞)
12월 31일(금)	사측, 희망퇴직 신청기간 연장

※ 2010년 사측 인력 감축 계획 400명이라고 발표. 228명 희망퇴직, 172명 정리해고(정리해고자 2명 희망퇴직)

2011년

01월 03일(월)	단결의 광장 결의대회 전체 조합원 부산시청 앞 48시간 철야농성(각 부서별 순환)
01월 06일(목)	김진숙 85호 크레인 고공농성 돌입 사측, 김진숙 조합원에 대해 부산지방법원(이하 부산지법)에 '퇴거 및 사업장 출입금지 가처분' 신청
01월 07일(금)	부산지법 민사 14부 '크레인에서 즉각 내려와 사업장에 출입하지 말 것'을 결정 희망퇴직 50명, 사직 27명(사무관리직) 사측, 희망퇴직 신청기간 연장(1월 11일까지. 위로금 최대 통상임금의 22개월 치로 조정)
01월 09일(일)	연대문화제(오후 9시, 85호 크레인 앞)
01월 10일(월)	'김진숙 조합원 퇴거 및 사업장 출입금지 가처분 결정'에 따른 집행 시도
01월 12일(수)	사측, 노동부에 정리해고 290명 신고. 새벽 4시 용역 투입 시도하다 중단
01월 13일(목)	정리해고 명단 개별통보, 해고통보 제외 조합원 1월 14일부터 교육발령(휴업명령자도 휴업명령 해제하고 정리해고 예고 통보 및 교육발령)
01월 14일(금)	감만동 한진교육관에서 교육 발령 저지투쟁 돌입
01월 17일(월)	부산지법, 크레인에서 철수하지 않는 김진숙에게 1일 100만 원의 '강제이행금' 결정 사측, 노무팀 교체(박승종 노무이사를 제외한 전원을 건설 출신으로 교체)
01월 19일(수)	사측, 김진숙·민주노총·한진중공업지회에 손해배상 1억 100만 원 소 제기 희망퇴직 총 141명
01월 20일(목)	사측, 가정통신문 발송(개개인별 퇴직금을 산정하여 희망퇴직했을 경우와 2월 14일 이후 퇴직했을 때의 금액 차이를 비교표로 만들어 우편 발송). 생활관 폐쇄 시도하려다 중단
01월 22일(토)	한진파업 연대문화제 개최(85호 크레인 아래)
01월 23일(일)	가족문화제(해고자, 비해고자 가족)
01월 24일(월)	부산시청, 한나라당(부산당사, 김무성 의원 사무실) 앞 노숙농성 돌입

01월 25일(화)	사측, 불법파업을 이유로 한진중공업지회 및 지회장 등 노조 간부 11명을 상대로 51억 8,000만 원의 손해배상 청구(한진중공업지회, 지회장, 수석부지회장, 부지회장 4명, 사무장, 교선부장, 조직부장, 조직차장 2명)
01월 26일(수)	민주노총 결의대회(오후 3시, 부산역 → 영도) 희망퇴직 163명
01월 28일(금)	한나라당 부산시당 위원장 간담회(민주노총본부장, 지회장, 사무장)
01월 29일(토)	연대문화제(85호 크레인 아래)
01월 31일(월)	희망퇴직 210명(사측은 언론을 통해 희망퇴직 마감 결과, 1월 31까지 희망퇴직자가 210명이라고 밝혔으며, 2월 14일 오전까지 희망퇴직을 추가 접수한 후 오후에 정리해고를 집행하겠다고 밝힘)
02월 05일(토)	연대문화제(85호 크레인 아래)
02월 07일(월)	전체 조합원 오전 집회(상집간부 삭발식)
02월 08일(화)	농성단 상경투쟁(한진중공업 본사가 있는 갈월동을 거점으로 한나라당 및 조남호 회장집 1인시위) 사측, 생활관 단전, 용역(40여 명) 영도 본관 배치 현장 조합원 긴급소집, 상황 공유 및 본관 항의, 단전 해제 요구
02월 09일(수)	부산고용노동청 앞 집회
02월 10일(목)	한진중공업 정리해고 관련 국회 토론회 본관 CCTV 파손 관련 조합원 연행(조사받고 2월 11일 오전 풀려남)
02월 11일(금)	정리해고 대상자 지회 임원 간담회 한진중공업 정리해고 관련 야 4당(민주당, 민주노동당, 진보신당, 국민참여당) 서울 기자회견 사측, 노동부에 신고한 정리해고 예고 대상자 290명을 열외 없이 해고하겠다는 기존방침에서, 비해고 대상자 중에서 희망퇴직을 신청한 숫자만큼 구제하는 것으로 입장 변화 현재, 민사 총 53억, 민형사 관련 55명 소 제기 상태
02월 12일(토)	농성단 상경투쟁, 부산시청·노동청 노숙투쟁, 부산 한나라당사 앞 노숙투쟁
02월 13일(일)	'정리해고 철회를 위한 미사'(천주교정의사회구현사제단)
02월 14일(월)	문철상 금속노조 부산양산지부장, 채길용 한진중공업 지회장 50m 높이 타워크레인(CT-17) 고공농성 돌입 사측, 생산직 170명 정리해고 단행, 경찰에 시설보호 요청(버스 8대 외곽 대기), 용역 본관 지하 1층에 기거

	사측, 직장폐쇄 단행(출입금지 장소-영도, 다대포, 울산공장, 조합원과 제3자에 대한 사업장 출입금지, 지회 전임자는 오전 8시부터 오후 5시까지 지회 사무실 출입을 보장, 제3자이면서 교섭위원인 경우 교섭 당일 시간에만 사업장 출입을 보장) 민주노총 부산본부 결의대회
02월 15일(화)	지부장, 지회장에게 '건조물침입 및 퇴거불응죄' 소 제기
02월 16일(수)	사측, 16일과 18일 조합원 128명에 대해 '가택무단침입죄'로 영도경찰서에 고소(이후 파업에 동참하는 전체 조합원으로 확대 예정), 사내 식당 폐쇄 부산지방노동위원회 앞 기자회견, 정리해고자 172명 부당해고 및 부당노동행위로 구제신청
02월 17일(목)	해고무효 확인소장 접수
02월 18일(금)	전체 조합원 교육 지부 조합원 총력투쟁 결의대회
02월 19일(토)	연대문화제(85호 크레인 아래)
02월 22일(화)	체포영장 발부(문철상 지부장, 채길용 지회장, 정홍형 조직부장, 정혜금 사무국장)
02월 23일(수)	전체 조합원 교육 금속노조 촛불문화제
02월 25일(금)	시민과 함께 하는 촛불문화제
02월 26일(토)	정혜금 사무국장 영도경찰서 출석 영도경찰서 앞 항의면담 투쟁

※ 정리해고자 중 2명이 희망퇴직 신청, 현재 정리해고자 총 170명
※ 조합원 830명 중 661명 결합(90명 산재사고 및 간접부서, 79명 현재 결합되지 않고 있음. 이에 대한 방안 논의 중)

02월 28일(월)	부산지방노동위원회 위원장 면담
03월 02일(수)	경찰서 출석 소환장 받은 198명에 대한 노조 입장 영도경찰서 앞 발표 예정
03월 03일(목)	정문 앞 민주노총 천막 등에 대한 행정대집행 예정했으나 집행되지 않음
03월 07일(월)~	1차 정리해고 철회 상경투쟁, 촛불문화제
03월 09일(수)	한진중공업 관련 금속노조 영남권 결의대회 지역 산별대표자 및 금속지부 지회장 등 총23명 대해 경찰서 출석 소

	환장 발부(지회장의 경우 3월 14일 2시 영도서로 발부, 영도 본관앞 5명 포함하여 23명)
03월 11일(금)	사측, 노무팀 교체 종료 촛불문화제

※ 비해고자들의 경우 3월 11일부터 그동안 중단된 단협의 의료비, 학자금 전액 지급하기 시작

03월 12일(토)	3월 14일에 상경투쟁할 조합원 교육
03월 13일(일)	촛불문화제, 부산지하철 안 선전조 가동
03월 14일(월)	2차 정리해고 철회 상경투쟁(서울 갈월동 한진중공업 본사 앞 집회)
03월 15일(화)	상경투쟁 조합원 광화문으로 이동하며 선전물 시민들에게 배포하다 경찰에 연행(32명, 3개 경찰서로 분산), 다음 날 2명(최정수 부지부장, 김병철 조합원)을 제외한 30명 석방 생산본부장 직장, 기장 간담회
03월 16일(수)	부산지방노동청장 노조 및 회사 방문
03월 17일(목)	김수영 조합원 영장 실질심사(재판부의 영장 승인으로 다음 날 구치소 수감) 상경투쟁 조합원 연행자(최정수 부지회장, 김병철 조합원) 영장 실질심사, 오후 10시 30분경 석방
03월 18일(금)	한진중공업 주주총회 투쟁(동서울 버스터미널)
03월 22일(화)	3차 정리해고 철회 상경투쟁 정리해고 후 첫 교섭 진행

교섭 내용

교섭 장소 : 신관 102호
교섭 시간 : 오후 2시~7시 20분(2번 정회-16:00, 17:30)
노사 입장 정리
노조-정리해고자 복직과 2009년, 2010년 임·단협을 포함한 제반 현안 문제를 논의하자.
사측-정리해고를 제외하고 2009년, 2010년 임·단협 문제를 논의해야 한다.
1차 정회 후 기자들에게 교섭 내용 브리핑
2차 정회 후 사측의 입장 정리
① 2009년, 2010년 단체교섭은 그냥 가자, 개악안은 계속 고수 안 한다.
② 정리해고를 인정하고 1,400명의 생존방안을 논의하자.
③ 2011년 단체교섭은 이후에 논의하자.

03월 24일(목)		교섭 재개(신관 102호, 14:00~16:30)
		사측, 노조가 거부한 '정리해고자들의 재취업 지원을 위한 4자 협의회' 구성 제안만 반복함
03월 25일(금)		사측, 비해고자(62명) 지리산 다물단 교육 실시. 상집 5명 항의차 방문
		조합원 상경투쟁. '정리해고철회, 희생자추모 긴급 금속노동자결의대회'(보신각), '정리해고철회, 범국민대회'(서울 역사박물관) 참가
03월 29일(화)		교섭 재개(신관 102호, 14:00~16:30)
		노조, 170명의 정리해고를 철회시키고 모든 문제를 논의하자.
		사측, 해고자 이외의 문제를 논의해야 된다.
		'한진중공업 정리해고철회, 부실경영 책임자처벌, 부산경제 살리기 부산시민과 함께하는 촛불 집회'(서면 천우장)
04월 02일(토)		'정리해고분쇄, 이명박 정부심판, 가족살리기 결의대회'(김해 연지공원)
04월 06일(수)		지회 대의원대회(임원 일부 자진사퇴, 촛불문화제 때 조합원들에게 보고)
		사측, 4월 11일까지 "비해고자인 교육생 업무 복귀(교육)하지 않으면 중징계, 손배 처리하겠다. 복귀 여부는 4월 7일까지 회사에 통보해라"(직장이 아닌 교육에 참가하고 있는 조합원들 통해 알림)
04월 08일(금)		15:00 민주노총 결의대회(부산역 → 한진중공업 거리행진)
		생활관 층별 조합원 간담회
04월 09일(토)		정리해고자 간담회 15개 조로 편성, 조장 선출 등 이후 대책 토론

※ 비해고자 조합원 650명에게 교육발령 이행할 것을 독촉하고 있음(현재까지 1~4차까지 교육 진행)
※ 사측의 고소로 3월 7일까지 조합원 198명에게 출석 소환장이 발부된 상태였으나 이후 추가되어 총 223명이 고소됨(간부까지 합치면 250여 명), 부산지역 11개 경찰서 분산 출석

04월 10일(일)		김형오 국회의원 영도 출몰에 따른 선전전 및 면담투쟁, 확대간부 회의
04월 11일(월)		사측, 정문을 제외한 동문과 서문에 철문 설치 시도(계속)
04월 12일(화)		서울 상경투쟁(국회 앞, 한나라당사 앞, 분당을재보궐선거구 선전전 및 한나라당 당사 노숙투쟁)
		한진 사택 출근선전전, 김해을재보궐선거구 선전전 및 한나라당 앞 농성

04월 13일(수)	지회 대의원 토론(투쟁대오 생계비 관련 논의)
	동문, 서문 철문 설치 관련 부상자(경비 1명)
04월 14일(목)	노동청 항의투쟁(노동청 → 한나라당 부산시당), 한나라당 부산시 당사 정리해고자 10명 농성, 경찰에 의해 끌려 나옴
04월 15일(금)	조합원 교육(손배가압류 및 해고의 부당성 등)
	85호 크레인 100일차 촛불문화제
	사측, 불법파업에 따른 피해금액(158억) 노조에 청구(등기 접수, 노조가 조치하지 않으면 민사소송 제기하겠다고 밝힘)
04월 16일(토)	한나라당 부산시당 김정훈 위원장 면담(지회 부지회장, 사무장 등)
04월 19일(화)	국제건설목공노련(필리핀 수빅조선소노조 상급단체)과 한진중공업 공동 기자회견
04월 20일(수)	범시민 촛불문화제
	부산노동청, 부산지방노동위원회 앞 농성(20일~22일)

※ 4월 22일 현재, 해고자 166명과 비해고자 결합하고 있음
※ 2월 18일부터 사내하청 인원 계속 증가(약 2,000명)

04월 23일(토)	한진중공업 정리해고 철회 2011년 투쟁 승리를 위한 부산양산지부 전진대회
04월 28일(금)	부산지방노동위원회 부당해고 및 부당노동행위 구제 신청 심판회의
04월 29일(금)	사측, 공문을 통해 해고자 교섭위원에서 제외할 것, 지회장·지부장 내려와 교섭할 것을 제안
	조합원 40명 다대포 배치(5월 3일부터 야드 행진)
05월 03일(화)	퇴거명령 가처분 제기. 금속노조, 한진중공업지회 등 투쟁에 참여하고 있는 개인과 상급조직 및 상급단체 간부 289명에게 민사소송 제기(박유기, 허재우, 양득윤, 문철상, 서수호, 정혜금, 정홍형, 유장현, 윤택근, 김재남, 채길용 등)
05월 06일(금)	지노위 부당해고 및 부당노동행위 판정회의 기각
05월 11일(수)	촛불문화제(지부장, 지회장 17호 크레인에서 내려옴)
05월 12일(목)	퇴거명령 가처분 민사 재판, 고정 오버타임 40시간 소액 재판
05월 13일(금)	촛불문화제
05월 18일(수)	지회장, 이재용 사장 면담
	파업 이탈 조합원 대상 선전전(감만동 교육장)
	강정환, 한진중공업 총괄(수빅, 영도, 건설) 사장으로 취임

	서울 민주당사 농성
	부산지방노동위원회 민주노총 근로자위원 지노위 앞 농성 돌입(부산, 울산을 포함한 민주노총 근로자위원 23명 전원 사퇴 선언, 지노위 배석도 위원장 사퇴할 때까지 지노위와 협의, 각 사안에 대한 참석 거부)
05월 19일(목)	지회장, 조합원 간담회(전반적 상황 공유)
05월 20일(금)	민주당 손학규 대표와 본조, 지회 면담(공동 기자회견, 한진 문제 당론 확정 등)
05월 23일(월)	2009년 제20차, 2010년 제3차 임단협 본교섭
05월 24일(화)	아침 전체 보고대회, 촛불문화제
05월 26일(목)	이채필 고용노동부 장관 내정자 청문회 참석
05월 28일(토)	영도서 경비과장과 정복 입은 중대장급 경찰 40명 동문, 서문, 정문을 순찰하며 지형지물 파악하고 수리선 쪽 문으로는 안으로 진입하여 간부와 조합원이 밖으로 쫓아냄(5월 24일 유성기업 공권력 투입 이후 사측에서는 경찰에 시설관리권 보호 요청 등의 탄원, 진정을 계속해서 넣고 있는 상황)
05월 30일(월)	2009년 제20차, 2010년 제3차 임단협 본교섭(속개)
	조합원 8명 상경투쟁(민주당 중앙당사 농성)
	정문사수 집회(민주노총 부산조합원, 시민사회단체 참석)
06월 10일(금)	사측, 용역 총 500여 명 동원하여 동문, 서문, 정문까지 장악(출입문 봉쇄에 따른 저지 과정에서 조합원 7명 부상)
	노사 간 상호 휴전협정으로 정문 안쪽에 배치되었던 용역 철수(사측은 노조에게 6월 11일 오후 3시부터 정문봉쇄 작업에 들어가겠다고 전달)
06월 11일(토)	사측, 용역을 생활관과 복지관 사내도로 입구 쪽에 배치하고 정문에서는 2층으로 컨테이너 장벽 설치 및 안쪽에 지지대 작업
	정문 바깥쪽에 부산지역 동지들 집결, 규탄집회(조합원들은 오후 11시부터 대기)
06월 12일(일)	희망버스(부산대교에서부터 촛불 들고 행진, 01:30분경 한진 앞 도착, 회사 안으로 들어옴)
	마무리 집회(오후 3시 희망버스를 보냄)
06월 13일(월)	퇴거 및 출입금지 가처분 판결

퇴거 및 출입금지 가처분 판결

※ 피신청인들은 부산 영도구 봉래동5가 29 소재 신청인 회사 영도조선소에서 퇴거하라(단, 노조 사무실 및 영도조선소 정문에서 노조 사무실까지 최단거리 통행로 부분은 제외).
※ 피신청인들은 별지 2 인용목록에 기재된 각 행위를 하거나 제3자로 하여금 이를 하게 하여서는 아니된다.

인용목록

- 신청인의 의사에 반하여 부산 영도구 봉래동5가 29 소재 신청인 회사 영도조선소에 출입하는 행위(단, 노조사무실 및 영도조선소 정문에서 노조사무실까지 최단거리 통행로 부분에의 출입은 제외)
- 제1항 기재 영도조선소 내 17호 크레인 및 85호 크레인 밑에 있는 통로를 막는 행위
- 부산 남구 감만1동 588-3 소재 신청인 회사의 기술연수원에서 실시되는 교육에 참가하는 직원들의 출입을 방해하는 행위
- 파업 불참자의 집을 찾아가거나 폭행을 행사하는 등 파업 참가를 강요하는 일체의 행위.

집행관은 제2항의 취지를 적당한 방법으로 공시하여야 한다.
신청인의 나머지 신청을 기각한다.
소송 비용은 각자 부담한다.

06월 14일(화)	희망버스 연행자 2명 영장실질심사 후 풀려남
06월 16일(목)	이채필 고용노동부 장관 방문 노사간담회("일자리 고용창출이 우선이다"라며 말을 뗀 뒤 법과 원칙을 주장하는 한진중공업 이재용 대표이사에게 "법과 원칙이 사태를 푸는 모든 수단이 될 수는 없다"라는 말도 덧붙였다. 이어서 노조에게도 "수긍할 것은 수긍해야 한다"라며 양비론적 입장을 밝혔다.)
06월 17일(금)	'공권력 투입 반대, 성실 교섭 촉구, 민주노조 사수 단식농성' 돌입(지부장, 지회장 단식농성 돌입, 조합원은 30명씩 24시간 릴레이 단식농성, 사측 판결문 고시퓻말을 부착. 이후 노동조합 사무실 출입에 대해서도 조합원과 모든 사람에 대해 출입을 막음)
06월 22일(수)	환경노동위원회 전체회의(증인으로 소환된 조남호 회장 일본 출장 핑계로 불참)
06월 24일(금)	부산시장, 한진중공업 대표이사, 지회장 간담회(부산시장 사측에 해결 권고) 노사 간 협의(오후 4시에 시작해서 다음날 새벽 5시 30분에 종료)

06월 25일(토)	노사 간 협의(오전 11시에 시작해서 당일 저녁 9시경 종료)
06월 26일(일)	조합원 전체 간담회(지회장 이하 집행부는 '월요일에 파업철회 기자회견을 하겠다'고 했고 모인 조합원들은 '시기가 아니다. 파업철회 결정은 2차 희망버스 이후에 논의하자'고 주장했다. 집행부가 다시 논의하고 입장을 밝히기로 함)
	지회장 등 집행부 입장 조합원들에게 선언(지회장 이하 집행부는 월요일 파업철회 기자회견을 강행하겠다고 말한 뒤 퇴장함)
06월 27일(월)	조합원들 '파업철회 및 업무복귀 기자회견'을 반대하며 노조 사무실 계단에서 노숙
	지회 대의원 간담회
	민주노총 부산본부 부산시경 앞 공권력 투입 반대 기자회견
	지회 팩스 통해 한진중공업 노사협의 이행합의서 발표
	행정대집행 단행
	85호 크레인 위 11명을 제외하고 다 끌려나옴(사측이 사람을 일부 빼면 전기를 넣겠다고 했으나 전기 들어오지 않음)

노사협의 이행합의서

(주) 한진중공업 노사는 정리해고 및 회사 정상화를 위한 현안문제에 대하여 노사협의회를 개최하고 노사는 경영위기 극복과 장기적인 고용안정을 위하여 노사 공히 상생의 문화를 확립하고 경영 정상화에 노력하며, 노동조합의 파업 철회 및 정상업무복귀를 조건으로 다음과 같이 합의한다.

1. (해고자에 대한 처우 문제)
해고자 중 희망자에 한하여 정리해고 이전 회사에서 실시한 희망퇴직 처우 기준을 적용하기로 한다. 단, 위로금 수령자는 해고 관련 법적 쟁송 취하 조건임.
(정리해고에 관한 사항은 노사가 향후에도 계속 협의)

2. (민형사 및 진정 사건과 징계책임 문제)
- 형사 고소/고발, 진정 건은 노사 쌍방 모두 취하하기로 한다.
- 징계 등 인사 조치는 조합원에 한하여 면제하기로 노력한다.
- 지부 및 지회 등에 대한 민사상 손해배상 청구(가압류 포함)는 최소화하기로 한다.

3. (김진숙 퇴거 문제)
김진숙의 퇴거는 노조에서 책임지기로 한다.

4. (기타사항)

타임오프 및 현안 문제 등은 법의 테두리 안에서 전향적으로 개선토록 노사가 계속 협의키로 한다.

2011. 6. 27

사용자위원 대표 한진중공업 대표이사 이 재 용	근로자위원 대표 전국금속노조 부양지부 한진중공업지회장 채 길 용

06월 28일(화)	3명의 조합원 85호 크레인에서 내려옴 민주노총 부산본부 긴급 산별대표자회의 금속노조 중앙집행위원회 아침, 점심 보고대회(6월 28일~7월 4일) 및 촛불문화제
06월 29일(수)	금속노조 영남권 결의대회, 1명의 조합원 85호 크레인에서 내려옴 환경노동위원회 '한진중공업 노사분규 해결방안을 모색하기 위한 청문회'(이재용 사장 참석, 환노위 한나라당 국회의원 불참) 사측 고용 용역, 85호 크레인 밑 컨테이너 12개 설치 시도, 조합원 거세게 저항
06월 30일(목)	국가인권위원회, 김진숙 지도위원 긴급구제요청 기각 사측, 문자로 비해고자에게 복귀 명령(7월 1일까지 복귀하지 않으면 징계한다고 함) 해고자, 비해고자 간담회(다수 의견 현장 복귀로, 7월 1일부로 다대포 교육장 입교하기로 함) 촛불문화제(비해고자 현장복귀 선언, 민주노조 사수, 50만 원 기금 결의, 매일 촛불문화제 참석 등 결의) 사측, 크레인 농성자에게 간접강제이행금 재판 제기(하루 200만 원) 부산시경 소방본부 명의로 크레인 밑에 천막 설치
07월 01일(금)	비해고자 현장 복귀(다대포) 한진중공업 정리해고철회 투쟁위원회(준) 발족
07월 02일(토)	민주노총 영남권 야간 결의대회 필리핀 수빅조선소 노동조합 탄압 규탄 원정투쟁 출국(김경춘)
07월 03일(일)	희망퇴직 총 55명 사측, 85호 크레인 밑에 그물망 설치 시도(정투위 동지의 저항으로 중단)

| 07월 04일(월) | 한진정투위(준) 출근선전전(감만동·중앙동·영도, 07월 04일~13일 월요일부터 금요일까지)
사측, 회사정상화 한마음 결의대회(조합원 130여 명 및 협력업체, 관리자 포함 1,000명, 같은 시간대 해고자 조합원들 조합 출입투쟁 전개)
촛불문화제(07월 04일~9월 19일) |

※ 조합원들이 촛불을 들고 2미터 간격으로 한줄로 서서 인도로 걷고 있는데 경찰이 횡단보도 앞에서 차단하며 토끼몰이 하듯 계속 몰아넣었고, 조합원들은 다시 출발 장소로 돌아왔다. 경찰은 19:40분경 '불법집회이기 때문에 강제 연행하겠다, 현행범으로 체포하겠다'고 하며 19:55분부터 진압을 시작, 조합원 18명과 평화적으로 108배를 진행하던 시민들, 앉아 있던 네티즌 3명, 민주노총 부산본부 조직국장 등 총 22명을 연행하였다.

| 07월 05일(화) | 천주교정의사회구현사제단 '정리해고 철회를 위한 미사'(7월 5일~8일) |

※ 정투위 조합원 노동조합 사무실 출입을 요구하며 정문으로 집결(경비들이 노동조합 출입을 막음), 경찰은 불법집회라고 해산하라고 함. 15분 실랑이하다 자진 해산하고 삼삼오오 휴식을 취함. 크레인 위에서 그물망 설치한다는 얘기를 하자 휴식을 취하던 조합원 20여 명이 85호 크레인 담벼락 쪽으로 갔고, 그 소리를 들은 휴식하던 조합원 30여 명이 뛰어옴. 경찰이 조합원들을 둘러싸고 바로 연행을 시작. 조합원 6명, 금속노조 부산양산지부 사무국장이 연행되다가 조합원 6명은 훈방되었으며, 금속노조 부산양산지부 사무국장은 연행. 조합원 17명, 시민 2명 불구속, 시민 1명 혐의 없음, 민주노총 부산본부 김재남 조직국장, 조합원 1명은 영장청구방침이라고 함.

| 07월 06일(수) | 희망버스 2차 포스터 지하철역 게시판 선전전
임단투 승리와 한진중공업 정리해고 분쇄 금속노동자 결의대회 |
| 07월 07일(목) | 청년학생 정리해고 철회 집회(갈월동 한진중공업 본사 앞, 1명) |
| 07월 08일(금) | 한진중공업구조조정철회 및 원직복직 기자회견
실업급여 수령
보고대회(김호규 금속노조 부위원장 주관으로 재교섭 성사 내용) |
| 07월 09일(토) | 아침 전체 보고대회
2차 희망버스(7월 9일~10일. 희망의 엽서, 희망의 우체통 제작) |
| 07월 10일(일) | 조승수, 권영길, 정동영 국회의원, 정청래 전 의원 방문(정투위 사무실에서 가대위와 면담)
가대위, 국회의원들과 2차 희망버스 참가자들에게 희망엽서 전달 |

희망버스 행사 마침, 참석자 배웅(운영위원, 가대위 등)
강원식, 진상우 조합원 85호 크레인에서 내려옴

※ 7월 10일 02:00, 03:00경 가대위 3명을 포함한 50여 명 연행, 18시 30분경 42명 석방

07월 11일(월)	사측, 85호 크레인 그물망 설치하다 중단 예배집회(안하원 목사 등) 조선소 맞은편 가정집 2층 임대(정투위 숙소로 이용)
07월 12일(화)	채길용 지회장 명의로 각 언론사에 보도자료 발송(6월 27일 노사협의 이행합의와 관련된 내용) 채길용 지회장 영도경찰서 출두
07월 13일(수)	서울 대한문 앞 단식농성 참가자 출발(10명, 7월 13일~23일) 금속 영남권 결의대회 부산역 집회(부산역 → 한진중공업 앞 행진) 사측, 85호 크레인 그물망 설치하다 조합원 반발로 중단
07월 14일(목)	한진정투위(준) 출근선전전(중앙동·영도, 7월 14일~15일) 감만동교육장 1인시위 및 교육생과 만남(7월 14일~15일) 김수영 조합원 선고공판 참석(17명) 대한불교 조계종 화쟁위원회 백승권 사무국장 방문(김호규 부위원장, 김인수 부대표와 면담) 부경아고라 점심 삼계탕 제공. 사측, 85호 크레인 안전망 설치하다 중단 진보신당 정당 연설회 및 촛불문화제
07월 15일(금)	사측, 85호 크레인 밑 음향대포(스피커 6대) 설치 민주노동당 정당 연설회
07월 16일(토)	용역 85호 크레인 침탈에 대비 정투위 비상대기(65명 참석, 사설 특공대 투입설 관련) 층별 간담회(7월 30일 3차 희망버스 행사 관련, 교육생 조직화사업, 희망도보와 희망자전거 행사 준비)
07월 17일(일)	85호 크레인 맞은편 천주교정의사회구현사제단 미사 85호 크레인 비상대기 비해고자 조직화사업
07월 18일(월)	한진정투위(준) 출근선전전(감만동·중앙동·영도, 07월 18일~8월 12일 월요일~금요일) 민주노총 부산본부장 '사람 살리고 정리해고 철회를 위한 희망 단식단' 기자회견 후 부산역 희망단식 시작(한진중공업 관련 청문회 개최까지 무기한 단식농성), 정투위 3명씩 릴레이 단식 결합

		희망자전거 투쟁인원 체력훈련
07월 20일(수)		사측, 85호 크레인 안전망 설치하려 함
85호 크레인 앞 희망단식 시작(민주당 김비오 영도지구당 위원장)
07월 21일(목)		한진파업 연대문화제 개최(85호 크레인 건너편)
07월 22일(금)		김대영, 조준기, 김동웅 불구속 수사
07월 23일(토)		BBC방송 김진숙 인터뷰
07월 24일(일)		희망 200인 시국선언 행사 준비 및 영도지역 포스터 작업
희망자전거 출발(서울 대한문 앞)
부산경남대학교 총학생회 학생들과 행사 및 식사
우천 관계로 오후 포스터 작업 취소
시국선언 200인(각계각층 시국선언)
07월 25일(월)		출근선전전 및 유인물 배포. 영도지역(동상동, 봉래동, 청학동), 부산지역(중앙동, 남포동, 부산역) 포스터 배포
07월 26일(화)		영도지역 포스터 배포
07월 27일(수)		출근선전전 및 유인물 배포
김인수 부대표, 김병철 선전담당 영도서 조사(노동조합 출입에 관해 정문 앞 집회가 불법집회라는 이유)
사하구 포스터 배포
운영단 회의

※ 운영단 회의 내용
- 한나라당 전 원내대표 김무성 국회의원이 한진에 공권력을 투입해야 한다고 주장, 정투위(준)에선 박유기 금속노조 위원장 명의로 항의서한 전달하기로 함
- KBS〈추적 60분〉측에서 협조 요청. 희망버스가 떠날 때까지 상주하며 정투위(준), 지회 상황 촬영에 협조하기로 함
- 7월 30일 3차 희망버스 환영 방법. 현수막 제작

07월 28일(목)		사측, 관리자·직장 동원 시청 앞 집회 개최
정투위, 사측의 정리해고가 부당하다는 유인물 작업과 선동 작업
07월 29일(금)		한진중공업 문제해결을 위한 부산시민 대토론회(부산역, 김병철 참석)
07월 30일(토)		3차 희망버스(7월 30일~31일. 영도 수변공원)
출근선전전 및 유인물 배포, 지역선전전
07월 31일(일)		부산시 경찰청 항의방문(희망버스 탄압 관련 참석자 중심)

08월 03일(수)	이재용 대표이사 크레인(10미터) 타고 올라가 "김진숙 지도위원이 왜 한진중공업 작업복 입고 있느냐"고 함 천주교정의사회구현사제단 미사
08월 04일(목)	시청 앞 기자회견 한나라당 부산시당, 부산시청, 중앙동 사옥, 노동청, 1인 시위 돌입. 민주노총 위원장, 민주노총 부산본부장 희망단식 해제.
08월 05일(금)	노사 비공개 회의(노동부 중재 참여, 회사는 교섭 의제로 정리해고 철회는 절대 안 된다는 입장을 견지. 교섭이 아니더라도 노사간 만든 내용에 서명하겠다고 주장) 서울 단식조 교대, 희망선봉대 학생대오 집회
08월 06일(토)	아침 전체 보고대회 전국대학생대표자협의회 학생들과 신도브랜뉴 아파트 앞 집회 조별토론회(희망버스와 상경투쟁 관련) 조계종 도법스님 108배 시작
08월 08일(월)	영도경찰서 집회신고 관련 대기 버스투어 출정식 정진우(진보신당 비정규담당, 희망버스 기획단) 체포영장 발부
08월 09일(화)	유인물 작업 2개 조(남포동, 서면) 1차 버스투어단 상경 촛불문화제(미사 및 법회, 도법 스님)
08월 10일(수)	조남호 회장 시청 기자회견 정투위 가대위 피켓시위, 유인물 배포(남포동, 서면)

※ 조남호 회장 기자회견 내용
- 정리해고 철회 불가.
- 이번 강제사직자 400명 중 이미 희망퇴직한 사람과 희망퇴직할 사람은 2자녀에 한해 학자금 보장한다.

08월 11일(목)	상경투쟁 노사정 간담회(회사-해고자 3년 후에 회사가 정상화 된다는 전제하에 복직, 노조-정리해고 철회하고 즉시 원상회복) 청문회 증인(조남호, 채길용, 김인수), 참고인(김진숙) 여야 합의
08월 12일(금)	상경투쟁 조합원 1인시위 및 선전전, 집회 유인물 배포(구포시장, 사상터미널 2000부)
08월 13일(토)	아침 전체 보고대회 유인물 배포(영도, 진시장 2000부)

	상경 조합원 1인시위 및 선전전, 집회
	한진파업연대문화제 개최(85호 크레인 건너편)
08월 14일(일)	전국노동자대회 출정식(39명 부산에서 출발, 서울에 있는 30명 결합)
08월 15일(월)	전국노동자대회 참석
08월 16일(화)	영도 한진정투위(준) 출근선전전(8월 16~10월 24일)
	2차 버스투어단 진행, 조계종 화쟁위원회 도법스님 법회
	'상경투쟁 조' 광화문 일대 1인시위 및 선전전, KT 앞 촛불문화제 및 노숙투쟁
08월 17일(수)	가족대책위 상경투쟁 합류, 한나라당 앞 기자회견 후 선전전(집회 도중 조합원 5명 연행)
08월 18일(목)	조남호 회장 청문회 참석 국회 앞 노숙투쟁
08월 19일(금)	'상경투쟁 조' 청와대와 광화문 근처 1인시위 및 선전전, 서울시청 집회, 촛불문화제 및 KT앞 노숙투쟁
08월 20일(토)	희망시국대회
08월 22일(월)	'상경투쟁 조' 신촌 일대 1인시위 및 선전전, 공동투쟁단 투쟁사업장 연대투쟁
08월 23일(화)	희망버스 관련 부산지역 포스터 작업
	'상경투쟁 조' 서울일대 몸 피켓 메고 도보 선전전
08월 24일(수)	조선소 사내하청 기자회견(현대중공업 비정규직노조 중심), 부산시내 유인물 선전전
	'상경투쟁 조' 서울 청계천 현대자동차 비정규직 노동자농성장 연대투쟁 및 집회
08월 25일(목)	희망버스 관련 유인물 선전전(서면/남포동)
08월 26일(금)	전체토론회(4차 희망버스 투쟁)
	'상경투쟁 조' 서울 투쟁사업장 연대집회(농협중앙회, 콜트콜택 농성장, 명동마리, 현대차 성폭력피해자 농성장), 4차 희망버스 전야제 참석
08월 27일(토)	4차 희망버스(8월 27~28일)
	부산지역 4차 희망버스 행사 촛불문화제 개최
08월 29일(월)	한겨레 기자 강정마을 '희망의 꽃'그림 전달, 조별토론 9월 투쟁(추석, 선거)에 관한 간담회
08월 30일(화)	해고무효확인소송 변론기일(심리)
	YMCA 신도아파트 앞 집회

08월 31일(수)		미참석자 참석 독려 전화사업(15명 복귀 예정), 조별 간담회(서울 상경 투쟁 평가), 부산종교인 평화 회의(7개 종단)
09월 01일(목)		조별 토론회(9월 투쟁과 선거투쟁), 조별 간담회 내용 중심으로 전체 간담회 진행
09월 02일(금)		노동조합 사무실 출입 실천투쟁, 조합, 지부, 지회 해고자 간담회, 실업급여 신청, 1인시위 진행(남포동 · 서면), 사회복지단 이사장 정투위사무실 방문 간담회
09월 03일(토)		9월 투쟁계획 회의(상경 투쟁 추석 끼고 상경하는 것은 인원 문제가 발생하여 추석 끝나고 상경, 한나라당 15곳 국회의원 사무실 1인시위 논의), 촛불문화제
09월 05일(월)		정투위 단합을 위한 영도 봉래산 등반(35명, 전체 작업복 통일)
09월 06일(화)		부산 한나라당 15곳 1인 시위 시작(6일~9일) 희망버스 특별편(이소선 어머니 추모제)
09월 07일(수)		이소선 어머니 장례식 참가 후 내려 옴(문국성, 김병철)

※ 노동부 본청 주관 노사정 특별회의 총 11차례 진행. 노사 간 의견이 좁혀지지 않아 노동부 주관의 만남은 종결하기로 함

노동부 중재 노사 간담회 경과 일지

– 금속노조 부위원장 김호규

8/5	10시	교섭형식에 대한 노사가 공방(정리해고문제는 단체교섭 넣어서 논의해야 한다. 사측–정리해고문제는 별도 논의하자)
8/6	10시 30분	교섭형식에 대한 논쟁보다는 내용(정리해고문제)을 먼저 논의하고 이후 임단, 협과 현안문제를 교섭하자는데 공감하여 간담회를 하기로 함
8/10	10시	조남호 회장 부산시청에서 대국민 호소문 발표(정리해고자 문제에 대해서는 언급이 없고, 오히려 3년뒤 경영정상화 되면 희망퇴직자 재고용하겠다. 또한 희망퇴직자에 대한 학자금 지원(100억원)과 부산 지역발전기금등을 발표함)
8/11	10시 15분	대국민 호소문에 대한 지적과 질의응답. 정리해고철회를 요구하였으나 사측은 경영정상화만 주장함
8/12	10시	정리해고자에 대해 3년 뒤 정상화되면 재고용하겠다. 단) 정상화 안되면 무급휴직으로 한다 라고 제시함. 노측은 정리해고자 94명에 대해 원직복직과 이후 세부적인 인력운영방안을 협의하여 운영하자고 제시함.(이후 사측은 8/18일 청문회 준비관계로 간담회를 할 수 없음을 통보함)

8/18		조남호 회장 환노위 주관 국회청문회 실시
8/25	14시	청문회 이후 다시 간담회를 하였으나 진전된 안이 없었음
8/29	14시	노사 추가 제시안 없음
8/31	15시 30분	최종안이라고 하며 2년 6개월에 정상화 되면 재고용, 정상화 조건은 매출액 기준으로 1조 5천억원, 조립톤수 기준으로 15만톤 제시함. 노측은 수용할 수 없다고 입장 제시함

이후 노동부 중재하에 노사 간담회는 서로 진정성을 가지고 해결할 의지가 있을때 간담회를 가지기로 함.

노조는 9/4,5일 노조, 지부, 지회 다같이 회의를 갖고, 정투위 동지들과 보고대회를 통해 정리해고 철회가 원안이지만 다음과 같이 고민하게 되었다.

1. 실업급여 종료싯점(개인마다 다르지만 12년 2월에 끝남), 아니면 6개월 뒤 복직

2. 해고기간동안 생계비 지원 및 4대보험 지원, 학자금 지급, 지난 3년동안의 임,단협 타결시 성과금 및 타결금 동일지급, 정리해고자 퇴직금 정상지급

3. 노사합의서 이행담보

노조는 여러 날 고민과 분노를 삭이며 절박하지만 최소한의 요구를 만들게 되었다.

9/6	17시	노동부 노사협력관 중재하에 이재용 사장과 노조 김호규 부위원장이 만나서 노조는 수정안을 제시하였으나 사측은 정상화만 얘기하고 추가 제시안을 내놓지 않아 지회에서 간담회한다는 문자까지 보내는 등 노조는 적극적인 자세로 하였으나 끝내 무산됨.
9/7	14시 30분	노조는 9/6일자로 밝힌 안을 재차 설명하였고 사측은 최종안이라고 하면서 기간만 2년으로 줄여서 안을 내고 생계비지원은 안된다고 밝힘

총 11차에 걸친 노동부 중재 하에 노사 간담회를 진행하였음.

09월 09일(금)	부산 한나라당 15곳 1인시위 및 항의서한 전달
09월 10일(토)	아침 전체 보고대회, 귀향선전전(부산역, 노포동) 한진파업 연대문화제(85호 크레인 건너편, 영상물 상영)
09월 11일(일)	귀향선전전(부산역, 노포동), 추석행사(음식 장만, 송편 만들기, 윷놀이 등)
09월 12일(월)	합동 차례
09월 13일(화)	추석 행사(윷놀이, 제기차기 등)

09월 15일(목)	5차 희망버스 기자회견 출근선전전 및 유인물 배포 지회 총회 공고 부착
09월 16일(금)	전직 지회장 총회 관련 입장 발표(한진지회, 전직 지회장 관련 고소·고발한다고 공고 부착)

※ 민주당 정동영 국회의원을 포함한 야5당 국회의원 100명, 한진중공업 4대 의혹 진상규명을 위한 국정조사요구서 제출

4대 의혹
- 필리핀 수빅조선소 투자 과정에서의 역외 탈세
- 조남호 회장 지분확대 과정에서의 비리
- 친인척 회사 일감 몰아주기
- 용역깡패 불법폭력 사주

09월 19일(월)	지회에서 예정되었던 '지회 임원 임기 연장 건'의 총회 취소
09월 20일(화)	부산시청 5차 희망버스 관련 기자회견 후 부산시경 방문(희망버스 기획단) 남포동과 부산역 지역선전전, '상경투쟁 조' 출발 촛불문화제(9월 20일~11월 11일)
09월 21일(수)	5차 희망버스 기자회견 '상경투쟁 조' 홍준표 한나라당 대표 집 앞 노숙투쟁(21일~26일)
09월 22일(목)	정투위, 신동순 동지 85호 크레인 단식 중단 요구 전체 단식투쟁 시작(85호 크레인 건너편)
09월 23일(금)	'상경투쟁 조' 광화문·강남역 선전전, 강정마을 일일주점
09월 24일(토)	스머프 가을운동회(날라리의 연대투쟁), 한진파업 연대문화제(85호 크레인 건너편)
09월 25일(일)	'상경투쟁 조' 인왕산 등반, 민주노총 본부 다과회 겸 간담회 개최
09월 26일(월)	부산대·경성대 선전전 '상경투쟁 조' 홍준표 대표 면담(국정감사 전 조남호 만나 정리해고 옳지 않다고 했지만 조남호 회장 묵묵부답) 희망버스 조직 및 국정조사 실시 서명운동 6개 권역(경남, 울산, 대구 경북, 충남, 경기, 전남) 사업장 방문(26일~29일)
09월 27일(화)	임시대의원대회 요구 서명지 지회에 제출 '상경투쟁 조' 국회, 한나라당 1인시위, 연세대 기자회견 참석(HR 장풍 한진중공업 경비업체 관련 기자회견), 진숙연대기금 간담회

09월 28일(수)	노동청 국정감사(대구) 집회 참석 사측, 이재용 대표이사 '노사 문제에 정치권 개입 중단하라'는 내용의 기자회견 진행
09월 29일(목)	'영화의 전당' 개관식 선전전 '상경투쟁 조' 국회선전전, 마석 모란공원 순례(투쟁사업장)

※ 이명박 대통령 '영화의 전당'에 참석, 전경들 선전전 간 조합원들을 오후 9시까지 둘러쌈. 조합원들은 홈플러스 앞에서 시민들 상대로 전경들 불법성과 한진중공업 문제 홍보. 전경들 계속 방해

09월 30일(금)	한진중공업 지회 대의원대회 선관위 구성(10월 6일 후보마감, 10월 14일 선거) '상경투쟁 조' 전경련 앞 규탄집회 후 부산으로 출발
10월 01일(토)	제주도 강정마을 투쟁(9명 결합) 한진파업 연대문화제(85호 크레인 건너편)
10월 02일(일)	제주도 강정마을 투쟁 관련 4명 연행(공무집행 방해. 차해도, 박재근, 김지연, 김지훈) '희망버스 환영' 영도 올레길 선전전
10월 03일(월)	한진중공업 길거리 사진전(부산대) 제주도 강정마을 투쟁 관련 연행자 석방
10월 04일(화)	희망버스 환영 기자회견 국정조사 실시 서명운동 부산지역 사업장 방문(4일~7일)
10월 05일(수)	민주노총 선전전(서면 로타리) 부산시청 앞 기자회견(조남호 국정조사 관련, 영화인 및 제 시민단체 희망버스 환영 기자회견 후 부산시정 방문)
10월 06일(목)	희망버스 기획단 기자회견 부산대, 동아대 한진중공업 문제 관련 토론회 참석 지회 임원선거 입후보 등록 마감(3팀 출마)
10월 07일(금)	희망버스 관련 정리해고투쟁위 조합원 전체회의 조남호 회장 국정감사 환노위 참석, 24시경 국회 권고안 수용
10월 08일(토)	5차 희망버스(8일~9일. 총 58명 중 정투위 19명 연행) 금속노조 박상철 신임 금속위원장 면담(부산진역)
10월 09일(일)	국회 권고안에 대하여 정동영 국회의원과 가대위, 정투위 면담(부산역 소회의실)

10월 11일(화)	금속노조 위원장과 조남호 회장 면담, 금속노조와 한진중공업 사측 실무 교섭 정투위, 부산 동구지역 선거 관련 유인물 작업(11일~16일)
10월 12일(수)	사측, 크레인 내려와서 신규 집행부와 실무 교섭하자고 일방 통보 금속노조 위원장 한진 해고자 간담회
10월 14일(금)	지회 임원 선거(정투위는 정문 밖에서 투표)
10월 15일(토)	한진파업 연대문화제(85호 크레인 건너편)
10월 17일(월)	김주익. 곽재규열사 8주기 묘소참배

※ 중앙노동위원회 부당해고 및 부당노동행위 심판회의 연기
- 10월 07일(금) 중노위에서 노조측 대리인(변영철 변호사)에게 부해 및 부노 심판 개최 공문 발송
- 10월 12일(수) 공익위원 김윤배, 이승섭, 이승욱 → 김윤배, 이승섭, 김소영으로 교체 공문 접수
- 10월 14일(금) 노조, 중노위 연기 신청(사유는 12일 교체된 공익위원이 방대한 자료를 검토할 시간적 여유

10월 18일(화)	중노위 관련 전체 토론회
10월 20일(목)	금속노조 박상철위원장 사측과 1차 본교섭
10월 21일(금)	노사 간 교섭 진행(이재용 사장 일방적 퇴장, 정문 앞 용역 회사 통근버스로 이동)
10월 22일(토)	중노위 관련 상경투쟁 인원 파악 및 조별 토론 한진파업 연대문화제(85호 크레인 건너편)
10월 24일(월)	좌천동 유인물 배포, 중노위 관련 상경투쟁 조별 토론 정투위 사무실 지지방문(노동자 자율기업 청주 우진교통노조 노조 간부)
10월 25일(화)	서울 중앙노동위원회 판결 관련 상경, 노숙투쟁 준비 및 약식집회
10월 26일(수)	중노위 앞 출근선전전 조별 중노위 앞 선전전 진행, 중노위 심판회의 참관투쟁, 중노위 심판회의 및 로비 진입
10월 28일(금)	전체회의(중노위 심판회의 관련 건과 향후 우리의 대처 방법, 금속 사무처장, 부위원장 참석) 중노위 심판담당자 간담회(중노위의 일방적 화해 권고안에 대한 항의) 중노위 점거 투쟁 해제(금속노조 사무실 이동 금속노조 위원장과 간담회)
10월 29일(토)	중노위 판결관련 향후 조남호 압박에 대한 토론회

| 10월 31일(월) | 한진정투위(준) 영도조선소 출근선전전(10월 31일~ 11월 11일)
정투위 전체회의(상경투쟁 관련 인원 확보 및 11월 투쟁 상황 공유)
시청 앞 기자회견(당직 조 5명 제외, 전원 참석)
교섭 진행(사측 입장 변화 전혀 없이, 수요일 오후 2시에 다시 진행하자고 함) |
|---|---|
| 11월 01일(화) | 민주노총 차별철폐대행진 10명 참석(1일~4일)
85호 크레인 300일 문화제 |
| 11월 02일(수) | 신관 앞 피켓시위
김인수 경찰 출두 조사(경찰 측 아침 출근선전전 미신고 집회라고 주장)
'상경투쟁 조' 조남호 집 앞 1인시위, 갈월동 본사 앞 노숙농성(2일~3일) |
| 11월 03일(목) | 법원 앞 1인 시위(해고무효 확인소송) |
| 11월 04일(금) | 풍산정리해고 투쟁집회 연대투쟁
노동극단 일터 공연 관람 |
| 11월 05일(토) | 민주노총 지역본부 지부 4층 회의실 금속노조 김연홍 사무처장과 간담회 |
| 11월 06일(일) | 금정구 문화회관 앞 집결 회동 둘레길, 전체 간담회
'상경투쟁 조' FTA 집회 결합(시청 광장 거점으로 정함) |
| 11월 07일(월) | 법원 앞 1인 시위
FTA 서면 촛불문화제 참석
서울지역 연극단체 한진 투쟁관련 연극 관람(이용대, 권기태)
대의원 출마 신청 마감 |
| 11월 08일(화) | 부전시장 역 주변 유인물 선전전, 법원 1인 시위
풍산 집회, FTA 서면 촛불문화제
금속노조와 사측 실무교섭 진행 |
| 11월 09일(수) | 노조와 회사 간의 합의서 작성에 따른 정투위 설명회 개최 |

※ 합의서에 따른 정투위 설명과 의견 개진 중 85호 크레인 밑 경찰 난입. 정투위 총회 정회하고 85호 크레인 현장으로 들어감. 오후 3시로 예정된 조합원 총회 연기

| 11월 10일(목) | 영도 한진정투위(준) 정투위 총회 속개
정리해고자 94명 조합원 총회 통과(1년 내 재고용, 1인당 2,000만 원 지원)
김진숙 지도위원, 사수대(3명) 85호 크레인 내려옴, 영도경찰서로 연행 |
|---|---|

11월 12일(토)	전국노동자대회 참여 서울연극단체에서 한진투쟁 관련 연극 관람
11월 16일(수)	민주노총 지역본부 시민 단체 마무리 간담회 및 다과회
11월 19일(토)	부경울, 희망버스 탑승자, 시민단체 수변공원 뒷풀이
11월 20일	각 조별 사무실 당직 유지(11월 20일~12월 2일)
12월 03일~05일	강정마을 희망비행기 참석(정투위, 가대위 포함 21명)
12월 06일~12일	각 조별 사무실 당직 및 각 조별 토론회 개최

2012년

01월 03일(화)	솥발산 열사묘역 시무식
01월 04일(수)	상근자회의 및 지회 상집회의
01월 05일(목)	정투위 사무실 정리
01월 07일(토)	배달호 열사 정신계승 묘소 참배. 가대위 총회
01월 10일(화)	배달호 열사 정신계승제 참석
01월 11일(수)	금속노조 투쟁사업장 서울 상경투쟁(1박 2일)
01월 13일(금)	쌍용자동차 1차 포위의 날(1박 2일)
01월 16일(월)	송경동, 정진우 석방촉구 법원 1인 시위(매일)
01월 17일(화)	상근자회의 및 지회상집회의 출퇴근 선전전 시작(1월 17일~2월 23일)
01월 19일(목)	지회 화해 프로그램 준비팀 회의
01월 27일(금)	정투위 1월 전체회의
01월 28일(토)	재능학습지노조 1500일 투쟁문화제(1박 2일)
01월 30일(월)	전국 투쟁사업장 순회방문(희망열매)(1월 30일~2월 10일)
01월 31일(화)	김진숙 지도위원 재판
02월 04일(토)	투쟁 심리치유 프로그램 한진사랑방(매주 토)
02월 07일(화)	현대자동차 신승훈 열사 장례식 참석
02월 11일(토)	쌍용자동차 2차 포위의 날(1박 2일)
02월 15일(수)	풍산 촛불문화제(매주 수)
02월 16일(목)	김진숙 지도위원 재판
02월 18일(토)	김해지역 정투위 간담회

02월 21일(화)	지회 상무집행위원 회의
02월 23일(목)	투쟁기록사업단 회의(매주)
02월 24일(금)	서면 FTA반대 집회
02월 28일(화)	정투위 2월 전체회의, 신협총회, 지회 간담회(기관관철)
03월 10일(토)	서울시청 앞 희망광장(1박 2일)
03월 12일(월)	85호 크레인 사수대 재판
03월 20일(화)	지회 상집회의. 송경동, 정진우 재판. 희망버스 참가자와의 만남
03월 23일(금)	김대영, 조준기 조합원 재판
03월 24일(토)	전국해고노동자대회
03월 25일(일)	민주노총 결의대회 및 민중대회
03월 28일(수)	한진사랑방 2기 기획회의
03월 30일(금)	정투위 3월 전체회의
04월 02일(월)	정투위 법률팀 창원금속법률원 변호사 미팅
04월 04일(수)	박희찬 조합원·희망버스재판 관련 국선변호사와 미팅
04월 05일(목)	박희찬 조합원·5차 희망버스 재판(5/18, 5/22)
04월 13일(금)	김상욱 조합원 – 5차 희망버스 재판
04월 14일(토)	지회 조합원총회 및 엄광산 등반
04월 16일(월)	쌍차노동자 희생자 추모를 위한 부산역 분향소 설치. 사수대 재판(부산지법 253호 법정)
04월 17일(화)	한진중공업 정문 앞 1인 시위
04월 18일(수)	정태훈 조합원 – 희망버스 재판
04월 20일(금)	김진숙 지도위원 재판, 서면지역 정투위 전체회의
04월 21일(토)	쌍차 집중투쟁(평택), 가족대책위 자녀 치유 프로그램 '꿈틀꿈틀' 시작
04월 23일(월)	김해지역 정투위 4월 전체회의. 한진사랑방 2기 시작(매주 월)
04월 25일(수)	투쟁자료집 회의(미디토리), 울산지역 4월 전체회의
04월 26일(목)	쌍차 부산역 추모문화제
04월 30일(월)	영도지역 4월 전체회의

05월 01일(화)	박창수열사 21주기 묘소 참배, 조합원 총회 노동절 행사(부산역)
05월 03일(목)	쌍용자동차 부산지역 대리점 1인 시위 및 추모문화제 참석
05월 04일(금)	김상욱 조합원 - 희망버스 재판 박창수열사 21주기 추모제
05월 07일(월)	사수대 재판 참석, 희망버스 1주년 기획단 회의(서울)
05월 09일(수)	신분보장기금 관련 금속노조 임원단과 간담회
05월 10일(목)	박창수열사 안양추모제, 쌍차 추모문화제(부산역)
05월 12일(토)	희망버스돌려차기 활동, 쌍차 영남권 추모제
05월 15일(화)	허석현 조합원 희망버스 재판, 마산지역 정투위 간담회
05월 19일(토)	서울 쌍차희생자 범국민추모대회
05월 21일(월)	158억 손배관련 참고인 미팅
06월 05일(화)	사랑방 2기 수련회(경주)
06월 07일(목)	회사 앞 천막농성 돌입(휴업자 복귀, 158억 손배소철회 요구), 쌍차 희생자 하단역 거리선전전
06월 12일(화)	박희찬, 허석현 재판, 쌍차 대리점 1인시위
06월 13일(수)	금속법률원 지회 소송 관련 미팅
06월 14일(목)	정투위 6월 전체회의(추모공원)
06월 15일(금)	158억 민사소송 법원 참석
06월 16일(토)	희망버스 1주년 기념 및 쌍차 문제 해결을 위한 희망버스(1박 2일)
06월 18일(월)	쌍차부산대책위 회의
06월 25일(월)	희망버스 부산지역 기소자와 간담회, 풍산금속 희망국토대장정(3박 4일)
06월 28일(목)	노동조합 출입가처분 재판, 대한문 금속노조 결의대회, 여의도 민주노총 결의 대회
06월 29일(금)	김진숙 지도위원 재판
06월 30일(토)	부산희망걷기 출발
07월 03일(화)	영도경찰서 집회신고 교대근무, 소송관련 금속법률원(경남본부) 방문

07월 06일(금)	김상욱 조합원 선고공판, 정투위 울산지역 전체간담회
07월 10일(화)	정투위 마산지역 조합원 간담회
07월 16일(월)	정투위 상근자 연석회의, 쌍차 부산대책위 회의, 부양지부 조직부장 미팅
07월 17일(화)	변승민 조합원 선고공판 선고유예
07월 25일(수)	수요 촛불문화제(매주)
07월 26일(목)	정투위 영도지역 전체회의
07월 27일(금)	송경동, 정진우, 박래군 재판
07월 30일(월)	심상정 의원실에 보낼 고용노동부 질의서 작성, 정투위 김해지역 전체회의
08월 02일(목)	통상임금 소송 관련 서울 출장
08월 03일(금)	강정 평화걷기(2박 3일)
08월 05일(일)	콜트콜텍 농성장 결합(2박 3일)
08월 22일(수)	특별조사팀 회의, 정투위 활동 평가서 초안 작업
08월 23일(목)	조선분과 국회토론회 참석, 정투위 서면지역 전체회의
08월 25일(토)	부양지부 한진가족 야유회
08월 28일(화)	천막보수작업, 통상임금관련 2차 소송 실무업무
08월 29일(수)	사수대 재판
08월 30일(목)	연리문화제 기획단 회의, 정투위 영도지역 전체회의
09월 03일(월)	정투위 김해지역 전체회의
09월 07일(금)	정투위 울산지역 전체회의
09월 13일(목)	김희일 조합원 재판
09월 25일(화)	변승민 조합원 재판
09월 26일(수)	한가위맞이 촛불문화제
09월 27일(목)	임금과 단체협약 총회
10월 06일(토)	영화인 희망버스 문화제
10월 13일(토)	희망걷기단 방문, 지회 간담회
10월 15일(월)	국정감사 대응투쟁

10월 16일(화)	상집회의, 천막 비상대기
10월 17일(수)	열사정신계승제 선포식, SKY(쌍차–강정–용산) 기자회견, 풍산방문 희망대장정
10월 22일(월)	당입사서류 기자회견, 지회간담회
10월 23일(화)	신체검사, 정문 1인시위
10월 26일(금)	158억 재판
10월 27일(토)	조직수련회(민주노총 부산지역본부 4층)
11월 09일(금)	정투위 93명 재취업
11월 10일(토)	노동자대회(1박 2일)
11월 12일(월)	재취업 3시간 만에 무기한 휴업
12월 19일(수)	18대 대통령 선거 박근혜 당선
12월 21일(금)	최강서 열사 노조사무실 자결
	08:30 한진중공업 지회 대회의실에서 목을 맨 채 발견됨
	09:00 119 구급차 도착 응급처치 하고 해동병원으로 이동함
	09:10 국과수 도착 현장 검증
	09:20 해동병원 응급실에서 심폐소생술 진행
	09:41 사망
	13:00 유족(아버지, 큰아버지) 사망사건 현장 방문
	13:30 유서를 경찰이 가지고 있다고 하여 영도경찰서 방문(박성호 부지회장, 아버지, 큰아버지)했으나 경찰이 유서를 가족에게 넘기는 것을 거부함
	14:00 문영복 수석부지회장 목격자 조사차 영도경찰서 감
	14:10 최강서 동생이 유서를 건네받기 위해 영도경찰서로 이동함 / 최강서 열사 검찰지휘가 떨어지지 않아 해동병원에 안치 중 / 빈소를 영도구민장례식장으로 확정하고 가족과 지회 간부 및 조합원들 우선 이동함
	14:20 부산지역투쟁대책위 준비 모임 개최 = 구민장례식장 4층 빈소 / 기자회견을 16:30분에 개최하는 것으로 결정 / 추모 및 한진중공업 자본 규탄대회 19:30 개최하는 것으로 결정 /(가) 민주노조사수, 손배 158억 철회 / 사회적 타살, 정리해고와 강제 무기한 휴업이 부른 한진중공업 최강서 열사 투쟁대책위원회

	로 하기로 함
	15:00 긴급 한진중공업지회 간부회의 개최
	16:30 최강서열사 추모 및 한진중공업자본 규탄 기자회견(한진중공업 정문 천막농성장)
	19:30 최강서 열사 추모 및 한진중공업 자본 규탄대회
12월 23일(일)	3일차 정문 천막농성장 최강서 열사 추모 및 한진중공업 자본 규탄대회
12월 24일(월)	한진중공업 천막농성장 최강서 열사 추모 및 한진중공업 자본 규탄대회 개최
12월 25일(화)	한진중공업 정문 천막농성장 추모 집회
12월 26일(수)	천막농성장 앞 부산지역투쟁대책위 기자회견

※ 금속노조 한진중공업 지회 차해도 지회장 경과보고 및 유서낭독, 민주노총부산본부 윤택근 본부장 부산지역투쟁대책위 발족 선언, 회사에 교섭요구하고 들어갔으나, 출입문에서 봉쇄됨, 문을 밀치고 지회장과 임원 3명 회사에 들어갔는데 뒤쪽 문까지 봉쇄하는 바람에 다시 철수, 회사 교섭거부 공문 보내옴

12월 27일(목)	7일차. 최강서 열사 추모 및 한진중공업 자본 규탄 영남권 노동자대회
12월 28일(금)	정혜신 박사 조문 – 조문 후 유가족과 빈소 동지들 심리적 상태 확인 차 일부 사람들과 면담
12월 29일(토)	9일차. 유가족 고종사촌 한분이 회사정문앞 차 유리 파손으로 경찰에 연행되었다는 연락받음. 강서 아버님과 박성호 부지회장 영도경찰서 방문
12월 31일(월)	천막농성장 건너변 상황실 마련

2013년

01월 2일(수)	13일차. 사측, 교섭 못하겠다고 공문 보내옴
01월 3일(목)	정문 앞 지회 사무실 진입투쟁(사측, 출입문을 쇠사슬로 감아 봉쇄)
01월 4일(금)	최강서 추모 및 한진중공업 자본 규탄집회 진행(매일)
01월 5일(토)	울산으로 출발하는 희망버스 한진중공업 정문 앞에서 출발
01월 6일(일)	김해사원아파트 선무방송 및 가가호호 선전전 부착 활동 시작

01월 7일(월)	아침 회사 정문 앞에서 선전전 진행(사측, 사무직 노동자 앞세워 봉쇄)
01월 8일(화)	19일째. 상경투쟁단 갈월동 본사 앞 1인시위 시작
01월 9일(수)	상경투쟁단 조남호 집 앞 1인시위 시작(신동순, 박민식, 문권욱), 인수위 앞 1인시위 시작(서성광, 박창규, 이용대)
01월 12일(토)	23일째. 학생연대 동지들 서면 및 남포동 지하철 시민 선전전 활동, 위령제 및 천도제(김해 정불사 능율승님)
01월 13일(일)	상경투쟁단 2차 출발함(김인수, 윤국성, 박종효) 영도지역 가가호호 시민선전전(극단새벽, 사회주의 노동자정당 공동실천위원회, 반빈곤센터 등)
01월 14일(월)	송영섭 변호사 가처분신청 관련 미팅
01월 15일(화)	부산역 시민선전전
01월 18일(금)	29일째. 상경투쟁단 대통령 인수위 앞 투쟁사업장 집중투쟁 결합
01월 20일(일)	김해 사원아파트 선무방송 및 유인물 부착, 천막 농성장 앞에서 용산참사 4주기 정신계승제 열림
01월 21일(월)	32일차 최강서 열사 추모 문화제 개최(사측, 여전히 사무직 노동자와 관리자 앞세워 정문 봉쇄)
01월 22일(화)	부산역 선무방송 및 탄원서 서명, 유인물 배포 작업(진보정의당 청년 실천단 동지들 결합)
01월 26일(토)	남포동 구 미화당 백화점 앞에서 부산시민대회 개최 이후 행진을 시작하여 구민장례식장에 도착, 약식집회 – 이용대 조합원 추모글 낭독 후 다시 이동하여 회사 정문 앞 천막농성장 도착 마무리 집회 진행
01월 28일(월)	39일째. 중앙대책위, 기업별노조 설립에 회사가 개입했다는 내용의 기자회견(기업별 노조 최영철 사무장 전화 와서 허위사실유포로 고소하겠다고 함) 서울 조남호 회장 집 접근 가처분 선고 결정(3명에 한하여 접근을 하지 못한다. 1인 시위 하는 것은 허용) 대한문 쌍차대책위 농성장에서 시국미사 진행, 학습지 재능 투쟁 촛불문화제 참석
01월 29일(화)	상경투쟁단 조남호 회장, 조중훈 회장 집 앞 1인시위 담배인삼공사 해고자 투쟁집회, 기아자동차 화성공장 윤주형 동지 추모제 참석 정문 앞 촛불문화제 40일차 진행함 – 이용대 조합원 추모글 낭독
01월 30일(수)	41일째, 천막농성 238일째, 주검사수투쟁 1일째 07:00 아침출근 선전전

　　　　　　　　10:00　유가족과 임원, 최강서열사투쟁대책위 부산 공동집행위원장,
　　　　　　　　　　　지부장 간담회
　　　　　　　　11:00　확대간부 점검회의
　　　　　　　　14:00　최강서 열사 부산지역 투쟁대책위 집중회의(철도노조 사무실)
　　　　　　　　15:00　금속노조 총파업 및 민주노총 확대간부 결의대회(부산역)
　　　　　　　　16:30　구민장례식장 행진대오 도착, 최강서 주검 정문으로 이동하는
　　　　　　　　　　　투쟁 진행
※ 경찰의 방해로 운구차에 싣지 못하고 손에 들고서 이동. 경찰은 최루액과 차벽으로
　 행진대오와 최강서 주검을 가로막았다. 그래서 특수선문으로 밀려 공장 안으로 들어
　 가게 되었다.
　　　　　　　　18:00　단결의 광장에 최강서 주검을 놓고 대치상태가 되었고, 국가
　　　　　　　　　　　인권위원회를 통해 드라이아이스와 스티로폼을 지급할 것을
　　　　　　　　　　　요구
　　　　　　　　22:30　정보과장과 인권위 소장이 지도부 만남을 요구
※ 회사 입장을 전달함과 동시에 드라이아이스는 넣어줄 수 있도록 하겠다는 뜻을 밝혔
　 다. 교섭은 회사 측의 조건은 주검을 밖으로 뺄 경우에 하겠다는 것이었고, 우리는 조
　 건 없이 언제든지 만날 것이라고 말했다. 그런 후 3시간이 지나도록 드라이아이스가
　 들어오지 않아 결국은 우리들 손으로 담장으로 넘겨받았다.
　　　　　　　　24:00　한진중공업 간부들 중심으로 주검 사수(마산창원동지들 휴식
　　　　　　　　　　　을 취할 수 있도록 함)
01월 31일(목)　42일째, 천막농성 239일째, 주검사수투쟁 2일째
　　　　　　　단결의 광장에서 주검 사수
　　　　　　　최강서 주검 이동을 가로막은 경찰을 규탄하는 기자회견(정문 앞 천
　　　　　　　막농성장)
　　　　　　　최강서 아버님 영도병원 입원
　　　　　　　시신을 담보로 하는 투쟁이라는 언론보도에 대한 유가족 입장 발표문
　　　　　　　작성
　　　　　　　긴급 임원회의 소집–상경투쟁단 내려오는 것으로 결정
02월 1일(금)　 43일째, 천막농성 240일째, 주검사수투쟁 3일째
　　　　　　　밤새 공장 내 전 구역 경계 근무(열사주검 사수), 회사 측 용역 2명씩
　　　　　　　계속 현장으로 들여보내고 있음
02월 2일(토)　 44일째, 천막투쟁 241일째, 주검사수투쟁 4일째
　　　　　　　최강서 주검 훼손 방지를 위해 드라이아이스 보충작업

정문 앞 천막농성 빈소에서 최강서 열사 주검 이동 경찰과잉진압에 대한 기자회견
최강서열사 죽음 해결을 위한 민주노총 전국집중 결의대회

※ 경찰 측 물품 넣어주겠다고 하면서 대표단이 물품을 가지고 회사 신관으로 들어감 그러나 회사에서 문을 열어주지 않아 물품반입을 하지 못했다.

02월 3일(일) 45일째, 천막농성 242일째, 주검사수투쟁 5일째
사수대 주변경계 강화

※ 금속노조 경남지부 신천섭 지부장 서문으로 직원인 척 자연스럽게 나가려고 하다가 연행. 곧바로 공장 안에 상주하던 용역들 공장 밖으로 빠져나감. 이때 용역이 나가는 척하며 특수선 등에 잠복하는지 알 수 없다는 서성광 부지회장의 지시로 실제로 공장 밖으로 나가는지 여부와 나간 후 버스를 타는 것까지 최종확인하기 위해 서문까지 접근했다가 장현철, 가대위 도경정, 홍성노, 고문철, 황영진 연행

02월 4일(월) 46일째, 천막농성 243일째, 주검사수투쟁 6일째
주검을 볼모로 하는 투쟁이라고 하는 회사 측과 언론에 반박하는 유가족들의 중대결단발표 기자회견(최강서 부인 이선화 씨가 기자회견문을 전화로 낭독)
드라이아이스 교체 작업(박성호, 신동순)
국가인권위 조사관들 내려와 조사 착수(민주노총 부산본부에서 긴급구제 신청)
퇴근하는 조합원들과 사내 협력업체 노동자들을 대상으로 단결의 광장 빈소 앞에서 퇴근 선전 및 선무방송 진행

02월 5일(화) 47일째, 천막농성 244일째, 주검사수투쟁 7일째
국가인권위에서 노사 합의문 작성(밥은 3번 자유롭게 들어올 수 있도록 한다. 유가족 2명(부인, 누나)은 출입을 보장한다)

02월 6일(수) 48일째, 천막농성 245일째, 주검사수투쟁 8일째
새누리당 앞 지역대책위 제시민단체 기자회견("박근혜 당선자와 새누리당은 한진중공업 고 최강서 노동자사태 해결을 위해 즉각 나서라")
서울 민주노총, 금속노조 지도부와 인수위 한광옥 국민대통합위원장 면담
ok오 병원 원장님과 한의사 1명 진료차 공장으로 들어옴

02월 7일(목) 49일째, 천막농성 246일째, 주검사수투쟁 9일째
드라이아이스 교체 작업
퇴근선전 및 선무방송(최강서 부인 발언)

02월 8일(금)	공장 내 주검 사수대 긴급 회의(설 이후 투쟁 계획 논의)
	복귀한 금속노조 조합원, 기업별노조 조합원 조직화 방안 논의
	50일째, 천막농성 247일째, 주검사수투쟁 10일째
	국회 환노위 여야 간사들이 한진중공업 최강서 죽음 관련 사태해결에 대한 입장을 준비하고 있다는 연락이 옴
17:30	기자들 문의 전화(최강서 주검을 영안실로 옮기고 교섭이 진행된다는 사실이 맞는지에 대한 확인, 사실무근이라고 이야기하고 국회 환노위 간사들의 움직임이 있는데 확인해보고 다시 연락준다고 함)
18:00	국회 환경노동위 여야 간사 입장 보도자료(최강서 주검을 영도구민병원 영안실로 옮기고 교섭이 2월 14일 2시 지회사무실에서 개최된다는 내용)
18:20	진위를 파악하기 위해 은수미 의원실 확인 및 전국대책위 차원의 입장발표 보도자료 배포
18:30	확인 결과 여,야 간사 만남이 있었다. 여당 간사는 사측 관계자를 만나기로 했고, 야당 간사는 노측 관계자를 만나기로 했는데 여당간사는 회사측 관계자를 만나서 이러한 내용에 승인 여부를 물었고, 야당간사는 노측 관계자를 만나지 않았다. 그래서 여당 간사가 회사 측을 만나서 나온 이야기를 그대로 입장으로 보도하여 생긴 것
19:25	공장 내 긴급 상황실 회의를 개최하여 우리들의 입장을 발표하기로 함
19:30	정문 앞 천막농성장 빈소 추모촛불문화제 개최(경과보고 발언 전화로 박부지회장이 함)
21:00	공장내 사수대 점검회의 개최(오늘 있었던 내용 공유하고 마음 흔들리지 말 것을 요구. 당직조 편성 설 연휴에 맞게 재편성)
22:00	유가족들이 두 분 밖으로 나가면서 다소 혼돈이 생김
※ 유가족들에게 오늘 상황공유했고, 유가족이 정문을 들어오는데 경비가 불려 회사가 유가족은 만나고 싶어하는데 금속노조는 싫어 하는다는 말을 전달받았다고 함 – 이후 유가족들이 트윗에 올려 공개가 되었음	
	24:00 당직조와 함께 사수대 활동을 하다 잠이 들었음
02월 9일(토)	51일째, 천막농성 248일째, 주검사수투쟁 11일째
	서문 안 300미터까지 30여명의 경찰 체포조가 들어옴. 수석 부지회

장이 나무 구하러 갔다가 경찰들에게 연행될 뻔했음
드라이아이스 보충 작업
순천 들풀한의사 진료차 들어옴
천막에서 공장으로 떡메로 제작한 떡을 보내줌
자정, 드럼통 불씨를 이불삼아 동지들이 옹기종기 모여 강서의 주검을 사수하고 있음

02월 10일(일)   52일째, 천막농성 249일째, 주검사수투쟁 12일째
천막 문 제작 마무리 작업
국민권익위원회 청구서 및 노동청 부당노동행위 고소장 마무리

※ 설날. 떡국으로 아침을 먹었다. 밖에는 경찰병력들이 대거 철수한 상태. 신동순 조합원 아내와 자녀들이 천막에서 자고 차례를 지내려 가는 모양. 강서 어머니, 아버지도 빈소로 오고 있다. 아이들이 세배한다고 정문 앞까지 왔다. 공장안에서도 아이들에게 세배를 받기 위해 가까이 접근했고, 손도 잡아볼 수 있었다. 조합원들이 세뱃돈을 주었다. 불시에 닥친 것이라 돈이 없는 사람들은 줄 수가 없었다.

02월 11일(월)   53일째, 천막농성 250일째, 주검사수투쟁 13일째
서울에서 의사와 한의사가 들어옴

02월 12일(화)   54일째, 천막농성 251일째, 주검사수투쟁 14일째
6번째 드라이아이스 보충작업
특근자들이 많아 아침 출근 선전 및 선무방송 진행
천막농성장 추모집회 공장안에서 함께 진행

02월 14일(목)   56일째, 천막농성 253일째, 주검사수 16일째
민주노조 소식지, 현장의 힘 인쇄작업 완료
금속노조 사무처장 현장으로 들어와서 이후 교섭관련 논의

02월 15일(금)   57일째 천막농성 254일째 주검사수 17일째
아침 출근선전 및 선무방송(차해도 지회장)
어제 제안된 5대5 교섭자리 회사가 받지 않음
드라이스 교체

※ 유가족인 부인이 아이들을 보기 위해 집으로 가는 데 정문에서 막혔음. 회사에 합의서 불이행이라고 이야기 하고 빨리 출입통제를 풀으라고 이야기하였으나 연락이 닿지 않자 함마로 출입문 열쇠뭉치를 내려쳐 최강서 부인 아이들 보러 감

02월 18일(월)   60일째, 천막농성 257일째 강서주검사수 투쟁 20일째
유가족 및 가대위 동지들 국회 환노위 간사들 만나기 위해 서울 출발
금속노조 복귀 조합원 두 번째 간담회
드라이아이스 보충작업, 유족보상 자료 준비

02월 21일(목)   63일째, 민주노조 사수투쟁 260일째, 강서주검사수투쟁 23일째
조합원 전체 회의(인수위 중재로 만들어진 합의서에 대한 의견을 들

는 자리)

※ 배천효, 권용상, 이홍석 등 많은 동지들이 발언을 했다. 조합원들의 발언은 지금의 안이 굴욕적이지만 현실적으로 받을 수밖에 없다는 입장

02월 22일(금)　　64일째 민주노조 사수투쟁 261일째, 강서주검사수투쟁 23일째
　　　　　　　　금속노조, 부양지부, 지회 임원들 연석회의(조인식 중단에 대한 회사측의 태도에 강력히 항의하는 상집간부들이 많았음)

※ 지회 임원들의 의견은 회사측의 행동에 불만은 많으나, 유가족들이 장례를 치르겠다는 결심이 있으면 더 이상 투쟁을 진행해 가기가 어렵다는 의견이었다. 강서 장례를 치르고 난 후에는 투쟁이 더 이상 지속되기 어렵다는 의견이 지배적이었다. 입장발표는 내일 오전 10시 전체 조합원 회의에서 공표하기로 하였다.

02월 23일(토)　　65일째 민주노조 사수투쟁 262일째, 강서주검사수투쟁 24일째
　　　　　　　　최강서 부인과 이재용 사장간 유족보상 문제 마무리
　　　　　　　　장례준비를 위한 점검활동
　　　　　　　　장례대책위 마지막 집행위원회 회의

02월 24일(일)　　최강서 열사 솥밭산 안치